Citation rules
in English writing

英文ライティングと引用の作法

盗用と言われないための英文指導

Teaching students
how to avoid plagiarism

吉村富美子
Fumiko Yoshimura

研究社

はじめに

　告白します。私は英語を盗まなければいけませんでした。だって、あの頃の私の英語では足りなかったんですもの。初めは、この単語、あの単語とこっそり英語を盗み始めたの。簡単だったわ。そして、私のポケットに入れたのよ。私の犯罪に気づく人はいなかったわ。だって、それは無防備な口からこぼれ落ちたものだったから。...でも今は違います。あの頃盗まなくてはいけなかったものは、法的にも私のものになりました。誰も単語を返せとか文を返せなんて言わなかったから。今や私の宝の部屋はいっぱいです。今や私の第二言語はおいしいワインを飲むための銀杯なのです。

　これは、*Call me Maria* という本に収められた María Alegre による "Confessions of a non-native speaker" という詩の一部である（Cofer, 2006, pp. 125–127）。外国語話者が英語を学ぶ涙ぐましい道のりを美しい言葉で表現している。人が第二言語を学ぶときは、その言語を母語とする人たちの言葉を盗んで学び、自分の目的のために使いながら、徐々に使える言葉を増やすしかない。しかし、そのようにして学んだ言葉は、いつのまにか自分の言葉になる。外国語学習とはそのようなものではないのだろうか。

■ 外国語話者が直面する盗用問題

　このようにして英語が使えるようになった外国語話者が大学に入り、英語で文章を書くようになると、新たな問題に直面する。それが、盗用（plagiarism）の問題である。盗用といっても、インターネットから文章をダウンロードしてそれに自分の名前をつけて提出するといった明らかな盗用ではない。盗用には、「表現の盗用」（language plagiarism）[1]（Pennycook,

---

1) Pennycook（1996）は、盗用を「考えの盗用」（plagiarizing ideas）と「表現

はじめに

1996, p. 223）や「パッチワーク文」[2]（patchwriting）（Howard, 1995, p. 799）といった微妙な境界線上の盗用がある。英語圏の大学の盗用の定義では、他人の文章の中の情報や考えを説明するとき、原文の表現を引用符に入れないでそのまま使ったり（language plagiarism）、他人の文章を言い換える努力をしてもそれが不十分であれば（patchwriting）、他人の文章を丸ごと自分の文章として提出した行為と同じ「盗用」とひとくくりにされ、学生は盗用の犯人にされてしまう。私も外国語として英語を学んだので、英語論文の書き始めにはさまざまな論文から文章構造や表現を学び、それらを自分の文章に取り入れながら、徐々に自分の文章が書けるようになった。もし、この行為を否定されるとすれば、外国人はいったいどのようにして英文ライティングを学べばいいのだろう。

■ 盗用問題とは何か

この研究をはじめたきっかけは、このような疑問からであったのだが、特に日本の文化の中で育ち、英語を外国語として学習してきた経験を持つ日本人にとって、他人の言葉や他人の文章の借用がなぜいけないのかを理解するのは難しい。アジアでは、歴史的にみても言葉は社会のものであり、出典を示さずに引用することがふつうのことであった。さらに、英語を学習するときには、表現を暗記したり借用したりすることが奨励されたのに、なぜ今になってそれが不適切な使い方とされるのだろうか。特にわからないのが、パッチワーク文である。パッチワーク文では出典を示しているし、同じ表現を使わないように形を変えている。[3] もし、原文から離れている

の盗用」（plagiarizing language）に分ける可能性について言及している（p. 223）。「考えの盗用」は他人の考えを自分の表現を使って自分のアイディアのように書くことで、「表現の盗用」は、他人のアイディアを説明するのに、直接引用以外の部分でその人の表現をそのまま使うことである。

2) Howard（1995）の盗用の分類（表 2.1 参照）によれば、パッチワーク文とは、原文を言い換えたり要約しているにもかかわらず、原文と似すぎている文章のことである。

3) 出典を示せば、原文の表現をそのまま使用したり変更が不十分であったりしてもかまわないという考え方については、意見が分かれる。Howard（1995）は、出典を示しても原文に近すぎる言い換えは盗用とみなされると説明する（p. 799）。そ

ことが重要であるとすれば、どれだけ離れていれば盗用とみなされないのか。いったい盗用と適切な引用の境界線はどこにあるのか。そもそも盗用とはどのような問題なのだろうか。

■ この本の目的

　この本では、まず、英語圏の大学や研究機関における盗用の考え方がどのようなものかやこれまで盗用研究において何が議論されてきたのかを紹介する。次に、盗用問題の本質は何かを議論し、最後に、これらをふまえて、盗用の指摘を受けないために日本の大学において英文ライティング指導をどう行うかについて考察したい。悪意ある盗用を防止する一方で、他人の文章の借用の学習効果としての面に着目し、それを積極的に活用する術がないのか、活用するとすれば学習のどの時点でどのように活用すればいいのかを含めた、大学における英文ライティング指導の在り方について提案を行うつもりである。

　なお、盗用という問題は立場によってさまざまな見方やとらえ方があるが、この本の中ではこれまでの研究で議論されていることや明らかにされていることをできるだけ正確に記述するように心がけた。私の個人的な意見には、「思う」「考える」「〜ではないか」のような表現を使い、研究から得た情報や意見とは区別するように努めた。また、文章が少し読みにくくはなるが、他の文献から得た情報はできるだけ厳密に *Publication manual of the American Psychological Association* [APA]（6th ed.）（APA, 2010）[4]に則って引用するように努めた。

して、多くのライティングのテキストは、盗用の指摘を受けないように、出典を示しても原文から十分離れた書き方をするように指導している。例えば、Kennedy and Smith（2006）には「直接引用と十分な言い換えの中間にある言い換えは受け入れられない」（There is no acceptable middle ground between an adequate paraphrase and a direct quotation）（p. 54）と書かれている。しかし、出典を示せば、ある程度表現が変更されているだけでよいとする意見もある。

　4）　*APA* は、学術論文の書き方についてのマニュアルの一つで、主に心理学や教育学などの社会科学分野で使われている。

目　　次

はじめに ……………………………………………………………………… iii

第1章　英語圏の大学における盗用という問題 …………………… 3
1.1　英文ライティングにおける盗用の考え方 …………………… 3
1.2　盗用の定義の難しさ …………………………………………… 7
1.3　引用の手引きに見られる実行不可能な指導や矛盾する指導 …… 9
1.4　盗用の発見や判定の難しさ …………………………………… 10
1.5　研究社会が求める研究の倫理と論文の書き方 ……………… 12

第2章　英語圏における盗用研究 ………………………………… 15
2.1　盗用は道徳心欠如が原因なのか ……………………………… 16
2.2　読み書きの問題としての盗用問題 …………………………… 21
2.3　理想の言い換えは現実的に可能か …………………………… 23
2.4　読み書き能力習得についての前提は妥当か ………………… 27
2.5　大学教員と大学生の間の認識の相違 ………………………… 29
2.6　まとめ …………………………………………………………… 31
2.7　英語圏における盗用問題の現状 ……………………………… 33

第3章　盗用とはどういう問題なのか …………………………… 35
3.1　研究社会への移行の問題 ……………………………………… 35
3.2　引用とは何か …………………………………………………… 37
3.3　教育や学習の問題としての盗用問題 ………………………… 40
3.4　言い換えの意味と意義 ………………………………………… 42
3.5　盗用の判定と対応の問題 ……………………………………… 44
3.6　まとめと考察 …………………………………………………… 49

目　次

第4章　日本の大学で盗用と言われないための英文指導をどう行うか …… 52
- 4.1　日本の大学で盗用の問題を教える難しさ …………………… 52
- 4.2　大学生と大学院生に教えるべき事柄 ………………………… 54
- 4.3　指導の背景となる考え方 ……………………………………… 56
- 4.4　日本の大学生には何を教えるべきなのか …………………… 58
  - 4.4.1　研究社会での価値観や振舞い方を教える ……………… 58
  - 4.4.2　基礎的な英語力や英文ライティング力をつけさせる ……… 60
  - 4.4.3　引用の仕方を教える ……………………………………… 72
  - 4.4.4　自分の言葉で書くことを教える ………………………… 81
  - 4.4.5　大学生に英文ライティングと盗用問題を教えるための具体的なカリキュラムの提案 ………………………… 83
- 4.5　日本の大学院生には何を教えるべきなのか ………………… 85
  - 4.5.1　研究者としての責任感をもたせる ……………………… 85
  - 4.5.2　研究分野の論文の読み方や書き方を教える …………… 88
  - 4.5.3　要約と批評を書かせる …………………………………… 92
  - 4.5.4　研究論文の書き方を補助する課題を出す ……………… 94
- 4.6　まとめ …………………………………………………………… 97

あとがき ……………………………………………………………… 101
謝　辞 ………………………………………………………………… 105
参考文献 ……………………………………………………………… 107
付　録 ………………………………………………………………… 117
- A.　文献ノートの作成法 ………………………………………… 119
- B.　*APA*（6th edition）に則った引用のルール ………………… 122
- C.　*MLA Handbook*（7th edition）に則った引用のルール …… 131
- D.　*CMS*（16th edition）に則った引用のルール ……………… 140
- E.　盗用について知るために役に立つサイトのまとめ ……… 157

索　引 ………………………………………………………………… 159

図・表・資料一覧

● 第1章
資料 1.1　引用のルールの概要　4
資料 1.2　引用のルールと著作権の関係　5

● 第2章
図 2.1　文化による知識や学習への態度の違い　18
表 2.1　Howard (1995) による盗用の種類分け　20
表 2.2　「盗用の時代」と「文章の相互依存性の時代」の盗用のとらえ方の比較　32

● 第4章
表 4.1　英文ライティングにおける指導内容の対象による違い　55
図 4.1　足場かけの考え方　57
図 4.2　表現の盗用やパッチワーク文使用が許される段階　60
資料 4.1　英和活用辞典の使い方　63
資料 4.2　ジャンルによる目的、文構造、表現の特徴の違い　65
資料 4.3　説明文の各部の役割　65
資料 4.4　独立文を教えるための授業の一例　67
資料 4.5　独立文の相互評価表の一例　68
資料 4.6　独立文の評価表の一例　71
資料 4.7　引用の考え方を説明するためのハンドアウトの一例　72–74
資料 4.8　引用文を書く前の確認リスト　74
資料 4.9　引用文を書いた後の確認リスト　75
資料 4.10　クラスメイトの意見を引用しながら書く引用文の指導プロセス　76
資料 4.11　引用文の相互評価表の一例　77
資料 4.12　引用文の評価表の一例　78
資料 4.13　研究レポートのチェックリスト　80–81
資料 4.14　言い換えの仕方　82
資料 4.15　大学学部生にはいつ何を教えるべきなのか　84–85
資料 4.16　論文の読み方と学び方を説明するためのハンドアウトの一例　88–90
資料 4.17　研究論文を読むときの確認リスト　91–92
資料 4.18　要約と批評の書き方　93

図・表・資料一覧

資料 4.19　研究計画書の作成手順　　95–96
表 4.2　　　盗用問題のさまざまな原因と考えられる対策　　98–100

英文ライティングと引用の作法
―― 盗用と言われないための英文指導 ――

第1章　英語圏の大学における盗用という問題

1.1　英文ライティングにおける盗用の考え方

　2007年9月、雑誌 Nature は、4大学15人のトルコの理論物理学者の70近くの論文が盗用を理由として arXiv という物理学論文発表用サーバから取り除かれたことを報じた (Brumfiel, 2007, p. 8)。[1] この処分に対し、Ihsan Yilmaz は10月同誌上で、英語が母語でない研究者が序論部分に英語を母語とする人の書いたきれいな英文を借用することはトルコでは一般的であり、序論の英語がよくなければ出版してもらえない。何より、論文の序論は独創的と言えなくとも結論は独創的であり、その部分こそが論文の最も重要な部分であるとして反論した (Yilmaz, 2007, p. 658)。この事件は、英語を母語としない研究者にとっては身につまされる事件であり、改めて盗用問題の重要性に気づかされる事件であった。

　盗用という問題は、研究者にとってはその存在理由を問われるほど重大な問題であるが、一般的な日本人にとってはなじみの薄い問題である。しかし、近年になって状況が変化してきた。インターネットの発達により、盗用が一般的な日本人学習者にとっても身近な問題であることが認識されるようになってきたのだ。例えば、インターネット上の情報をコピー・アンド・ペイストする、いわゆる「コピペ」のおかげで、自分の頭でものを

---

　1)　Eureka Journal Watch (2012) によると、盗用された一人の Gibbs は「ショックを受けたというよりおかしかった」と述べている。というのも、盗用部分は研究の背景を説明した部分であり、Gibbs の研究報告部分ではなかったからだ。ただ、このいわゆる盗用事件において、この部分の文章の著者名が書いてあったのかや借用部分の分量については不明（この議論については、3.5 参照）。

考えなくてもレポートが書けてしまう（NHK, 2008）。この環境の中では、レポートの課題を出す意味自体が問われる。このように、インターネットの発達にともなって、最近盗用という問題が研究者だけでなく一般的な日本人の注目も集めるようになってきた。

■ 英語圏では深刻な不正行為

盗用という問題は、日本の大学ではこれまであまり問題にされてこなかったが、英語圏の大学では従来から深刻な不正行為とみなされ、厳重な罰が与えられてきた。盗用を一言で言えば、引用のルール[2]違反で、研究者が守るべき法的・倫理的規範に反する行為と言える。法的には、著作権の例外規則である「著作物の公正使用」（fair use）の保護を受ける条件である

---

1. 他人の考えや言葉を自分の文章の中で使う場合は、引用のルールに従わなければならない。
2. 他人の考えや言葉を引用する場合は、直接引用する（quote）か、言い換える（paraphrase）か、要約（summarize）し、出典を示さなければならない。
3. ただし、一般的な知識（common knowledge）については、出典を示す必要はない。
4. 文末に参考文献表をつけて、引用文献の詳しい情報を提供しなければならない。
5. 直接引用の場合は、文中に出典を書き、引用部分を引用符（double quotation marks）（" "）で囲んで、その部分が引用であることを明示しなければならない。
6. 他人の文章を自分の言葉で言い換えたり要約する場合でも、文中に出典を書いてその情報がどこから来たのかを明示しなければならない。そして、原文から十分離れた表現を使って説明しなければならない。

資料1.1. 引用のルールの概要

---

2) 引用のルールの基本は、文章や研究のどの部分が誰の貢献であるのかが明確になるように記述することである。英文のアカデミック・ライティングでは、専門用語（technical terms）と一般的な知識（common knowledge）や一般的な表現（standard language）はそのまま自分の文章の中で使用してよい。それ以外のアイディアや表現の使用は、引用のルールに従う限りは認められている（資料1.1参照）。

> アメリカにおいては、引用のルールと著作権は法的に次のような関係にある。著作物は著作者の所有と考えられ、著作権によって保護されている。しかし、この権利には限界がある。著作権の107条（US Copyright Office, 2012）によると、「批評、コメント、報道、教育、研究」等の目的のためならば、著作権のある著作でも特定の条件の下で使用してよいとされている。これを「著作物の公正使用」（fair use）と言う。公正使用かどうかは、1）著作物使用の目的と性質、2）著作権のある作品の性質、3）使用される部分の全体に対する割合、4）著作権のある作品を使用した場合の市場や価値への影響の4つの条件を考慮して判定される。引用のルールを守ることは、著作権の例外規則である「著作物の公正使用」の保護を受けるための要件となる。
>
> Murray (2008) は、引用のルールと著作権の関係を次のように説明している。引用のルールと著作権のどちらも、個人が著作物を所有しているという考え方においては共通しているが、著作権が法律に基づくものであるのに対し、引用のルールは道徳心と共同体の価値観に基づく点が異なる (p. 173)。また、著作権違反がその著作者への侵害であるのに対し、引用のルール違反、つまり盗用はその共同体に対する違反である (p. 174)。著作権違反が許可を得ずに言葉やアイディアを使用したのに対し、引用のルール違反は謝辞を示さずに言葉やアイディアを使用したことである (p. 174)。
>
> さらに、Murray (2008) は、上記の違いよりもっと本質的な違いとして、著作権の主な目的が著作者の権利を守ることであるのに対し、引用のルールは著作物を自由に使ってコミュニケーションを促進するその根拠となるものであることを挙げている (p. 176)。

資料1.2. 引用のルールと著作権の関係

引用のルールに反した行為となるし（資料1.2参照）、倫理的には、研究者がもつべき倫理観に反した行為となる。1.5で説明するように、研究者には特別な倫理観が求められている。また、3.2で説明するように、盗用は、研究者個人の問題ではなく、研究社会全体への信頼を揺るがす重大な行為であるとみなされている。

アメリカの大学のほとんどが、研究者や大学院生だけでなく大学学部生にも、パンフレット、学生手帳、大学規則、ホームページのようなものを使って、何らかの形で盗用についての定義を示し、違反のさいの対処方針を伝えて盗用をしないように警告を与えている（Pecorari, 2001）。英語圏の大学のライティングの教科書の多くが、盗用に対する警告を発するとと

もに正しい引用の仕方を教えている (e.g., Axelrod, Cooper, & Warriner, 2008; Bazerman, 1995; Kennedy & Smith, 2006; Leki, 1995; Reinking & von der Osten, 2005; Spack, 1998)。

では、英語圏の大学や研究機関では、盗用はどういう問題としてとらえられているのだろうか。アメリカの「ライティングプログラム管理者協会」(Council of Writing Program Administrators [WPA]) は、ライティングプログラムの開設や運営にかかわる全米組織で、この協会の提供する情報は、最も包括的で信頼性の高いものの一つである。同協会のサイト中の「盗用防止のすぐれた実践についてのWPAの声明」(The WPA statement on best practices) では、「大学において、盗用とは書き手が故意に他人の言葉や考えやその他の（一般的な知識を除く）独創的なものを出典を示さないで使うことである」(In instructional settings, plagiarism occurs when a writer deliberately uses someone else's language, ideas, or other original (not common-knowledge) material without acknowledging its source) と盗用が定義されている (WPA, 2003)。この定義を見る限りにおいて、盗用は中立的、客観的に定義づけられているようだが、現実的には、盗用の定義は学生の不正行為の道徳的判断基準としての役割を担っており、これまで盗用問題は道徳心の欠如か、大目に見ても引用についての知識の欠如のためであると否定的にとらえられてきた (Howard, 1999, p. 24)。そして、盗用をきちんと取り締まることが、研究や教育に携わる者としての良心や、大学のレベルを守るための最後の一線になるとされてきたのである (Mooney, as cited in Howard, 1999, p. 24)。

■ 英語圏の大学における盗用の定義と対処

Pecorari (2001) は、英語圏の大学における盗用の定義と対処方針について、アメリカ72校、イギリス42校、オーストラリア26校、計140校の大学に調査を依頼し、そのうち54の大学から回答を得ている。この研究によると、これらの大学における盗用の定義はほぼ共通であったが、興味深いのは、盗用が意図的に行われたのかどうかを考慮するかどうかについて大学によって違いがあった点である。7つの規定が盗用を意図的なもの

とはっきり定義しているほか、36の規定でも、「不正に他人の貢献を横取りしている」（taking credit falsely）、「盗み」（stealing）、「自分の貢献であるように書いている」（representing as one's own）、「だまして自分の貢献として通用させている」（passing off as one's own）という表現を使用して盗用の意図の存在を示唆しているのに対し、11の規定では意図的ではない盗用もありうるとしている（p. 236）。また、盗用がなぜ禁止されているかについての理由は、主に次の5つにまとめることができる（p. 238）。

- 盗用しないで書いた学生が不利になる。
- 学生の手によらない提出課題に単位を出すと、大学の評判にかかわる。
- 盗用は、学習プロセスを阻害する。
- うまく引用を取り入れればよりよい作品となるはずだったものが、そうなっていない。
- 出典を示さないとその文章の筆者に対して公正ではない。

また、盗用が発覚した場合の罰については、減点や単位を与えない等の軽い処置から、停学や退学などの重い罰まである。ただし、盗用が意図的でない場合は、ライティング・セミナーやライティング・センター[3]に行く義務を課すなどの教育的な指導を行う大学も少数ではあるが存在する（p. 240）。しかしながら、全体的には意図的でない盗用を認める大学は少なく、一般に盗用は「犯罪」（an academic crime）とみなされ、罰が課せられることが多いようである。

1.2　盗用の定義の難しさ

■ 運用上の基準作成の難しさ

盗用の一般的な定義はほぼ共通しているものの、個々のケースに当てはめた場合、さまざまな解釈の余地がある。Shi（2006）は「盗用は人によっ

---

[3]　ライティング・センターでは、新しいライティングのとらえ方（e.g., Shamoon & Burns, 1999）に基づき自立した書き手を育てるという理念のもと、さまざまな学部学科の学習者の相談にのり、ライティング・プロセスのさまざまな段階における支援を行っている。最近では、日本でも設置する大学が増えてきた。

てその意味が異なる」（p. 264）と述べているが、インターネットから他人の文章全体をダウンロードして自分の文章として提出するという行為から、他人の文章を引用するときに出典を示すのを忘れてしまうという行為、他人の言葉か自分の言葉かわからないような書き方をすることなどさまざまな行為が含まれ、他人の文章の借用の程度や本人の盗用の意図の程度において大きなばらつきがある。そこで、一般的な定義をさらに具体的かつ詳細に示した「運用上の基準」（operational definition）が必要となる。

運用上の基準は、大まかに2つある。1つは物理的基準で、もう1つは、書き手や読み手の内面にある価値基準に照らした精神的基準である。物理的基準の例としては、Drum（as cited in Hu, 2001）の定義があり、「続けて3語以上の単語をそのまま使わないこと」（no three words in a row are to be repeated）と物理的な借用部分の量で示している（p. 57）。また、*The Bedford handbook for writers*（Hacker, as cited in Howard, 1995）には、「言い換えが原文と似すぎていること」（paraphrasing the source's language too closely）と記してあり（p. 799）、原文との相似の度合いを盗用の判断基準にしている。これらの定義に対して、Shea（1987）は、引用した文章をその原文を書いた人に見せて恥ずかしくないかどうかという道徳的基準を判断基準として提示している（p. 42）。

しかし、精神的な価値基準は、評価基準として用いるとなると難しい。不正の意図があるかどうかは、判断する側は知ることができないし、Shi（2006）の研究が示すように、精神的な価値基準は個々人で異なるからである。そのため、一般的には、文章の中での借用部分の量や変更の程度で盗用を定義している場合が多い。

■ 物理的な基準の問題点

ただし、物理的な基準を用いたとしても、やはり問題は残る。1つは、引用部分の出典について正確に書き記すことが不可能であることだ。Hu（2001）は、その理由として以下の2つを挙げている。出会った文章表現についてどこで出会ったかをすべて覚えておくことは不可能であるという理由（e.g., Tenpenny, Keriazakos, Lew, & Phelan, 1998）と、現行の引用の慣

習では引用文献をすべて記述できないという理由（e.g., Scollon, 1994）のためである（p. 55）。例えば、Aの文章をBが引用し、Bの文章をCが引用し、Cの文章をDが引用したというように引用が複数の著者によって繰り返し行われたときに、文章のどの部分が誰の言葉かを正確に理解し、それとわかるように記述することはほぼ不可能に近い。

　もう1つの問題は、出典を記す必要のない場合についてである。他人の文章を借用したとしても、それが一般的な知識（common knowledge）や一般的な言葉（standard terms）であれば出典を示す必要はないとされている。しかし、何をもって一般的な知識や言葉とするかは、個人の判断であり、また研究分野ごとに異なる。Purdue University Online Writing Lab（OWL）（Stolley, Brizee, & Paiz, 2013a）は、一般的な知識かどうかの判断について、5つ以上の信頼できる文献で出典の提示なしに同じ情報が載っているか、すでに読み手が知っていたり一般的な参考文献から得ることができる情報は、一般的な知識とみなすことができると説明している。これに対し、England（2008）は、常識というものは不変ではなく、個人の知識が増えるに従って新知識は常識と認識されていくようになる。したがって、常識は、ある社会における慣習や期待とみなすべきであると主張する（p. 109）。また、現在のようなデジタル時代には簡単に複製が可能であり、5つ以上の文献で同じ情報が見つかるかどうかを判断基準とすることには無理が出てきたとも述べている（pp. 105–106）。

1.3　引用の手引きに見られる実行不可能な指導や矛盾する指導

■　引用の手引きの中の矛盾

　ここで、具体的な引用の手引きの中の指導について考えたい。例えば、Harvey（2008）の「引用文を書く学生のためのガイドブック」（*Writing with sources: A guide for students*（2nd ed.））を見てみると、いくつか実行不可能な指導や矛盾する指導が出てくる。

　1つは、直接引用についてである。このガイドの10ページには、「たとえ2～3語であっても、原文からそのまま抜き出した表現には引用符をつ

けなくてはいけない」と記されているが、原文と同じ表現すべてに引用符をつけるためには、すべての文章を原文と比べて確認する必要があり、限られた時間でレポートを書かなければいけないときにそれがはたして実行可能なのかという問題がある。

　もう1つは、「直接引用は必要最小限にとどめること」というアドバイスが22ページに載っている一方で、37ページでは「たとえ出典を示しても、もし言い換えたり要約した文章が原文にとても似通っていれば、出典を示しても盗用になる」と書いてある点である。直接引用を避けるためにはできるだけ自分の言葉で言い換えなければならないが、その言い換えにおける変更が十分でなければ盗用とみなされる。盗用とみなされないためには引用符を使って直接引用するしかない。でも、それでは、直接引用を必要最小限にとどめるようにというアドバイスに背くことになる。

　このように、学生の引用の指針となるべき一冊のガイドブックの中においても、ほぼ実行不可能なアドバイスや矛盾する指導がなされている。

1.4　盗用の発見や判定の難しさ

■　盗用発見や判定はきわめて困難

　盗用については、定義の難しさとともに、その発見や判定の難しさも存在する。[4] 大学教員は学生が読む可能性のある文章をすべて読んでいるわけではないし、読んでいても覚えていない場合もあるだろう。最近は、Turnitin.com（n.d.）などの「盗用発見サービス」（Plagiarism-Detecting

---

　4）　Pecorari（2006）は、特に盗用の発見が難しいケースを「見えない引用」（occluded citation）と呼んでいる。これは、第一次情報源（primary source）をまとめた文章（第二次情報源）をコピペして、第二次情報源（secondary source）の出典を書かずに自分の文章として使うことである。この場合、第一次情報源の出典や引用符が書いてあれば、表面上は引用のルールに則っているように見える。そして、一次情報源を収集し、読んで理解し、統合して文章にまとめたのは、第二次情報源の書き手ではなくその文章の書き手のような誤解を与える。これは、第二次情報源の書き手の努力を自分の努力のように見せかけた行為であり、不正な行為であるが、一般に発見は困難である。

Services［PDSs］）を使用して盗用を発見することもできるが、そのような検索ソフトを使うこと自体に違和感をもつ教員もいると思う。そして、もっと現実的な問題として、学生の提出したすべての文章を検索ソフトにかける時間が教員の側にあるかという問題もある。

　また、たとえ盗用を疑われる部分が特定されても、その判定はきわめて難しい。例えば、「アメリカ英語教員協議会」(The National Council of Teachers of English ［NCTE］) は、その会報である *The Council Chronicle* の 1993 年 11 月号で、ある盗用疑惑事件を取り上げ、会員から盗用かどうかの意見を募集した ("We want to", 1993, p. 8)。その盗用疑惑事件というのは、マサチューセッツ大学の同僚たちが歴史学者 Stephen Oates の著作を Benjamin Thomas の書いた *Abraham Lincoln: A biography* (1952) の盗用として訴え、「アメリカ歴史学会」(American Historical Association ［AHA］) に Oates の著作を精査するように依頼したという事件である。そこで、学会のほうでは、コンピュータソフトを使って 2 つの論文の記述における類似表現を比べてみた。問題となった表現は、次の表現である ("We want to", 1993, p. 8)。

Toward midnight Major Thomas T. Eckert provided supper. Lincoln awkwardly dished out the oysters.（原文：Thomas, p. 453）

Around midnight Major Eckert of the telegraph office brought supper into the room and Lincoln awkwardly dished out fried oysters to everyone.（盗用の疑いをかけられた文：Oates, p. 401）

　AHA の判断は、「盗用」(plagiarism) には当たらないが、「模倣」(derivative) であるというものだった。これに対し、Oates は、Thomas も自分も同じ文献から情報を得たのであり、このように古い出来事に関しては他から新しい情報を入手するのは不可能であるから、表現が類似するのは不可避であると主張した。ほかにも Charles Gallmeier が、その論文の中に社会学者 Louis Zurcher の論文表現と酷似している表現があるとして訴えら

れた事件を取り上げ、盗用かどうかの判断を会員から募集した。これに対し、同紙 1994 年 2 月号において、専門家の間でも盗用の定義や判定はきわめて難しいという意見が大半であったことが明らかにされた（Flanagan, 1994, p. 6）。

このように、盗用の発見や判定はきわめて難しく[5]、盗用かどうかの判定は誰が判定したかによって異なる（Plagiarism occurs only in the interpretation of individual readers）（Hutcheon, as cited in Shi 2004, p. 192）。結局、盗用の定義やルールがあいまいであるので、各組織や教員の価値観が色濃く反映されることになる。

1.5 研究社会が求める研究の倫理と論文の書き方

■ 研究社会が求める研究の倫理

研究者には、研究の議論に参加するという特権が与えられるが、その特権を享受するためには一般の人とは違う特別な倫理観が求められている。そして、研究者の書く論文にもその倫理観が反映されていなければならないとされている。

アメリカには、研究者の倫理違反を取り締まり、研究者の倫理促進のための教育を行う機関である「研究の倫理機関」（e.g., Office of Research Integrity ［ORI］）（ORI, n.d.）が存在する。盗用などの不正行為が発生した場合は、この機関が判定を行う。この機関が提供している「倫理に則った論文の書き方ガイド」（Roig, 2006）[6] では、盗用など不正を疑われる論文

---

5) Weyland（2007）は、アイディアの盗用の判定については、推測に頼るしかないとしながらも、「類似性の距離検査」（"similarity of distance" test）によって判定できると考えている（p. 376）。類似性の距離検査では、他の一般的な知識と明らかに違い、2 つの文献の文章（propositions）（特定の表現、独自の考え、議論の仕方）に明らかな類似が見つかればアイディアの盗用が起きたと判定する。

6) このガイドラインは、インターネット上で公開されているので、研究者としての行動の指針としてぜひ一読を勧める。また、このサイトの中では、「盗用発見のためのシステム」である WCopyfind や eTBLADT, Deja vu なども紹介している（Plagiarism Detection Resources, 2012）。

の書き方を防ぐために研究者が何をしなければいけないか、または何をしてはいけないのかを 27 のガイドラインとしてまとめて提供している。このガイドラインにおいては、研究における 3 つの大罪である「盗用」(plagiarism)、「データ報告における虚偽」(falsification)、「データの偽造」(fabrication) 等の不正行為について、行動の指針を示している。

　このガイドラインでは、「倫理的な論文というのは、わかりやすく、正確で、公正で、誠実である」(Ethical writing is clear, accurate, fair and honest) という Kolin (as cited in Roig, 2006, p. 2) の言葉を引用して、科学者が論文を書くときにもつべき姿勢を示している。そして、読み手は「論文は書き手が一人で創造したもの」と考えているので、その期待に沿うべきであるという方針を示している (p. 2)。Zigmond and Fischer (2002) は、「科学者は一般の人とは違うし、少なくとも違っているべきである」(Scientists *are* different, or at least they should be) と述べて (p. 234)、研究するという特権を与えられた者がもつべき責任感は、一般の人のそれとは違うことを示唆しているが、このガイドラインも同じような責任感を研究者に求めている。

■ 研究者の盗用で多いのは文章の盗用

　このガイドラインでは、盗用を「アイディアの盗用」(plagiarism of ideas) と「文章の盗用」(plagiarism of text) に分け (Roig, 2006, pp. 4, 6)、その中でも「文章の盗用」の一つである「不適切な言い換え」(inappropriate paraphrasing) が盗用の中で最も一般的なものであると説明する (Roig, 2006, p. 7)。そして、どのような言い換えをすべきなのかを、できるだけ具体的に記述する努力をしている。言い換えにおいては、「自分の言葉と文構造を使うべき」(using our words and sentence structure) で、人によっては、文構造が変更されていないだけで盗用とみなす人もいるので、「新しい文章に見えるほど十分変更すること」(any paraphrased text is sufficiently modified so as to be judged as new writing) (Roig, 2006, p. 9) とか、「アイディアを自分の言葉で言い換えるようにあらゆる努力をすること」(make every effort to restate the ideas in our words) (Roig, 2006, p. 11) という言い方で、文

章の盗用の指摘を受けない書き方について説明している。

　この中で、文献研究等において他人の研究を説明する場合も、やはり自分の言葉を使うべきなのだが、十分に自分の言葉で説明できるかどうかは、その文献の内容や専門用語の理解が十分に行われたかによるので、文献や専門用語を十分理解するように勧めている (Roig, 2006, p. 12)。また、引用についても、自分の主張を支持するために実証研究や文献研究を行うという目的に加えて、読み手に自分の研究の文脈を知らせるために必要なので、文献研究においては研究分野の重要な問題や、最近の研究の動向、研究方法、研究の理論的な枠組み、問題の重要性などについて知らせるべきであると書かれている (Roig, 2006, p. 32)。

第 2 章　英語圏における盗用研究

■ 盗用研究の歴史は思い込みの検討の歴史

　前章では、英語圏の大学における盗用についての一般的な考え方を紹介した。盗用判定の技術的な問題などにも触れたが、盗用については、このほかにも、理論的にも実践的にも検討を要するポイントが多数存在している。そうした問題を明らかにしたのが盗用研究である。

　2010 年、Howard and Watson は、*WPA: Writing Program Administration* 誌上で盗用研究の歴史を総括した。このまとめによると、1966 年にライティングという研究分野ができてから 25 年間、盗用についての主要な論文はたった 5 つしか見当たらないが、1992 年に McLeod と Pemberton が盗用についての論文を出版したのを契機に、翌年には 7 つの論文が出版されるなど盗用研究が本格化して、今ではしっかりとした研究分野として確立している。また、研究方法についても、最初は著者の個人的体験に基づいたものや著者の属する組織における調査や面接に基づく研究であったものが、次第に質的研究と量的研究の両方を用いた多角的研究が見られるようになり、研究結果を一般化できるようになった。現在、盗用研究が目指すものは、「追試や集計の可能なデータに基づいているがゆえに盗用にかかわる決定に影響力を持ちうる研究」（data-driven research that is replicable and aggregable and that can therefore be used to influence decision-makers）（Howard & Watson, 2010, p. 121）である。

　英語圏における盗用研究を概観すると、盗用についての思い込みの検討の歴史であると言える。これまで当たり前のこととして見過ごされてきた思い込みを主に学生の視点から検討することにより、盗用が必ずしも道徳心の欠如のために起こるわけではないこと、文化によって文章との関わり

方や学習のとらえ方が違うこと、また、大学で書く文章の難しさや要求される思考の複雑さ、読み書き能力の習得についての前提、学生と教員の意識の大きなずれなどの要因が盗用の問題と深く関わっていることが明らかになってきた。次に、個々の問題について詳しく見ていく。

2.1　盗用は道徳心欠如が原因なのか

■　盗用は道徳心欠如ばかりが原因ではない

　欧米では、17世紀以降、文章はそれを書いた人の独創であり、所有物であると考えられてきた (e.g., Pennycook, 1996, pp. 205–206)。したがって、他人の文章を自分の文章の中で使う場合は、出典を明記しなければならない。出典を明記せずに他人の文章を利用すれば、それは他人の知的所有権の侵害に当たり、罰則の対象となると考えられてきた。Howard (1999) によると、「本物の論文の書き手」(an author) が「自立性」(autonomy) や「独創性」(originality) という研究者に期待される美点をもっている一方で、「盗用する人」(a plagiarist) は「知識に欠陥がある」(a lack of intellect) し、「人間的にも欠陥がある」(a lack of character) と考えられてきた (p. 24)。これに対し、Pennycook (1996) は、他文化における自らの体験から、盗用の問題が必ずしも道徳心の問題ではないことを示した。彼が中国の大学の英語の授業で有名な人物の歴史について調べて書くという課題を出したところ、学生の提出した課題の中に学生が書いたとは思えない完璧な英語で書かれた文章を見つけた。そこで、学生の一人に聞いてみると、それは高校の英語の教科書の文章であると言う。そして、その学生は目の前でその英文を暗唱してみせた (pp. 201–202)。そのとき Pennycook は、他人の文章を写したり暗記したりすることは、英語圏では理解に結びつかないと考えられているが、中国では学習方法の一つだということを知るのである。

■　文化や時代による知識や学習についての考え方の違い

　上記の例が示すように、他人の文章の借用についての考え方は文化によっ

て異なる。Marton, Dall'Alba, and Kun（1996）は、暗記による他人の文章の借用について、暗記には機械的な暗記と理解を伴った暗記があることを指摘し、他人の文章を写したり暗記したりすることは理解に結びつかないどころか、文章の内容理解を深めることがあると主張する。Ding（2007）の研究でも、全国的な英語のスピーチコンテストやディベート大会で優秀な成績をおさめた中国人英語学習者たちは、その学習過程を振り返る中で、模倣と暗記が有益であったと報告している。Ding（2007）は、その理由として次の点を挙げている（pp. 276–277）。

- 模倣や暗記によって、内容に注意するだけでは気づかない細かな文法事項に気づくようになる。
- 模倣した表現を借りることが可能になる。
- 模倣するとき、英語のネイティブの発音をより注意して聞くことで、自分の英語の発音がよくなる。
- 言語の小さい点に注意を向ける態度が養われる。

このように、欧米では暗記や模倣は理解に結びつかないと考えられているが、東洋では暗記や模倣は学習方法の一つであるとみなされている。

さらに、他人の文章の借用の是非を決定する基本となる「知識や学習についての考え方」も文化によって異なる。

Ballad and Clanchy（1991）は、知識についての態度は文化によって異なっており、文化を「繰返しを重んじる文化」（reproductive approach）、「分析的な態度を重んじる文化」（analytical approach）、そして「推測的な態度を重んじる文化」（speculative approach）の3つに分けている（図2.1参照）。繰返しを重んじる文化では、学習は暗記と模倣によって行われ、その学習の目的は正確さの追求である。分析的な態度を重んじる文化では、学習は疑問を持ったり情報を再編成することによって行われ、その学習の目的は情報を他の形に変換することである。推測的な態度を重んじる文化では、学習は仮説を立てることによって行われ、今までには存在しなかった知識を創造することが学習の目的である。アジアでの学習では主に繰返しが重んじられているのに対し、英語圏の学習では主に分析的な態度や推測的な態度が重んじられている。したがって、このような文化による学習

知識に対する態度	保守的 ←————————————————→ 革新的		
学習法	繰返しを重んじる	分析的な態度を重んじる	推測的な態度を重んじる
学習ストラテジー タイプ	模倣と暗記	批判的思考	新しい可能性や説明の追求
主な活動	要約、記述、特定、公式や情報の応用	考えや情報に疑問を持ち、判断し、新たに組み合わせる	推測したり、仮説をたてる
問い	何？	なぜ？ どのように？ 妥当性や重要性は？	もし〜だったら？
目的	正確さの追求	単純な独創性 情報や知識の形を変えること	本当の独創性 まったく新しいやり方 まったく新しい知識の創造

Ballad & Clanchy (1991, p. 22) より。

図2.1. 文化による知識や学習への態度の違い

についての考え方の違いについて認識することが、高く評価される英文を書くさいには重要であると、Ballad and Clanchy (1991) は主張している。

　Scollon (1999) もまた、西洋と東洋における教育や学習の目的や方法の文化的相違を、「ソクラテス的態度」と「孔子的態度」に分類して論じている。西洋人は、教育の目的は知識の追求であり、それは、ソクラテスがそうしたように対話によって追求されると考える。言葉は、学習されるというより、自分の信念を論理だてて説明する中で作られると考える。これに対し、東洋では、教育の目的は伝統を継承していくことにあり、個人の学習の目的は正しい行いをすることにある。学生には、自分の状況に合うように古典の文章をうまく使えるようになることが期待されている。

　他人の文章の借用についての考え方は、文化ばかりではなく時代によっ

ても異なっている。Pennycook (1996) によると、西洋においてでさえ、著作の個人所有や個人による創造性という概念は、近代ヨーロッパにおける個人主義と財産所有権という概念の発達とともに発生した考え方である (p. 205)。近代以前のヨーロッパでは、他人の文章表現の借用は一般的に行われ、他人の文章から借用した表現に対して引用符をつける必要はなかった (p. 204)。

このように、欧米においては明らかな不正行為だと考えられていた盗用の考え方は、実は歴史的・文化的文脈に依存した相対的な価値観なのである。

■ 盗用に含まれるさまざまな行為

盗用については、その前提となっている価値観自体が絶対的なものではないし、また学習者のほうにも必ずしもだます意図が存在するわけではない (e.g., Howard, 1993; Hu, 2001; Pennycook, 1996; Shi, 2006)。そこで、盗用をいくつかの種類に分類しようという試みが、これまでになされてきた。

例えば Howard (1995) は、従来「盗用」(plagiarism) とひとくくりにされてきた行為を、「ごまかし」(cheating)、「出典無記載」(non-attribution)、「パッチワーク文」(patchwriting) の3つに分けた (p. 799)。[1]「ごまかし」とは、他人の文章をまるごと自分の文章として提出することであり、Howard は、これは不正行為として罰則を与えるべきであるとしている。「出典無記載」とは、自分の文章の中で他人が書いた文章を出典を示したり引用符をつけるなどの正式な引用のルールに従わずに使うことである。Howard は、この行為は学生の経験不足からきているので、盗用として罰するよりも教育的指導をすべきであるとしている。「パッチワーク文」とは、「原文を写し、それからいくつか単語を消して、文法構造を変え、単語を1対1の同意語に変えたもの」(copying from a source text and then

---

[1] Howard は、2000年の論文では、この3つの分類を「不正」(fraud)、「不十分な引用」(insufficient citation)、「過度の繰返し」(excessive repetition) という言い方に変えている (p. 488)。

deleting some words, altering grammatical structures, or plugging in one-for-one synonym substitutes）(Howard, 1993, p. 233) で、*The Bedford handbook for writers* では、「原文に似すぎている言い換え」(paraphrasing the source's language too closely)（Hacker, as cited in Howard, 1995, p. 799)と記されている行為である。このように、Howardは、盗用の問題にはだます意図の有無、借用の程度、学習者の経験、学習段階、語学力によってさまざまな程度があり、その対応も分けて考えるべきであると述べている。

さらにHowardは1999年になると、「パッチワーク文」は「盗用」の分類から外すべきであるとして、次のように持論を展開している。私たちの読み書きについてのとらえ方と盗用についての対処法は合致しているべきで、「パッチワーク文」は、学生の学習ストラテジーであるばかりでなく、文章を書くときに誰もが自然に行っている行為であるのだから、学生の場合だけ盗用として罰するのは間違っているという（Howard, 1999, pp. 7–8)。

Chandrasoma, Thomson, and Pennycook (2004) は、さらに踏み込んで「盗用」(plagiarism) という呼び方がこの問題のもつ複雑性を道徳の問題に単純化してしまうので、この呼び方自体を変更すべきであると主張し、こ

盗用の種類	定　義	Howardの提案する対処法
ごまかし (cheating)	他人が書いた文章を自分の文章として提出すること。	不正行為として罰則を与える。
出典無記載 (non-attribution)	他人の文章を引用するさいに、正式な引用のルールに従っていないこと。	引用のルールを教えるなどの教育的指導を行う。
パッチワーク文 (patchwriting)	言い換えたり要約した文章が、原文と似すぎていること。	原文を理解していないときに起こるので、理解を助ける。原文を見ないで書かせ、最終原稿は原文と比べさせて、表現が似すぎていたら変えるように指導する。

表 2.1. Howard (1995) による盗用の種類分け

の問題を「文章の相互依存性」(intertextuality)[2] の問題ととらえ、「適切な文章の相互依存性」(non-transgressive intertextuality) と「不適切な文章の相互依存性」(transgressive intertextuality) の 2 つに分類することを提案している。(この議論については、2.4 参照)

2.2　読み書きの問題としての盗用問題

■　学生の読み書き能力や英語力の問題

　盗用の問題は、学生の視点から見ると読み書きの問題としてもとらえることができる。Bloch (2001) は、盗用の問題は一般に学生のレポートの書き方の問題だと考えられているが、実は「学生が文献をどのように読み、その文献のどこをどのように自分の文章の中に取り入れようとしたかにもその原因がある」と述べている (p. 210)。実際、Hull and Rose (1989) の研究では、読んだ文章を理解できないため文面から離れることができず、まとめを書くさいに文章中の単語をところどころ変えて文章を写す例が示されている (p. 147)。これが、パッチワーク文となる。また、Kirkland and Saunders (1991) は、盗用に至る学生を 2 通りに分け、ボトムアップ[3]で文章を読む学生や文章中の詳細な情報を暗記するような教育を受けた学生は盗用に至りやすいことを指摘している (p. 111)。文章の文字面にばかり気を取られていると、文章全体の理解が阻害されるし、文章の細かい情報に気を取られると、さまざまな文章間の情報の関連性を見落としてしまう。その結果、自分なりの文章理解や文章の解釈ができない。このように、文章の読み方に問題があれば、当然それを基にして書いたレポートにも問題

---

　2)　intertextuality については、一般に「間テキスト性」と訳されているが、ここでは「文章の相互依存性」と訳した。
　3)　文章の読み方には、トップダウンの読み方とボトムアップの読み方がある。トップダウンの読み方とは、読み手の読む目的や期待に導かれた読み方で、ボトムアップの読み方とは、文章の中の情報を機械的に文字、単語、文のように処理をし、推測力 (inference) をほとんど用いない読み方である。現在のところ、この両方の読み方を組み合わせた「修正交渉モデル」(modified interactive models) の読み方が最も正確な読解モデルであると考えられている (Grabe & Stoller, 2002, pp. 32–33)。

として現れる。

■ 大学の文章や課題の難しさ

　盗用の問題を考えるときに、個々の学生の読み書き能力に加えて大学で読む文章の難しさも考慮する必要がある。Kennedy and Smith (2006) は、大学で扱われる文章は内容が抽象的で、文章の構造も学生にはなじみがないので、学生には理解が困難であると述べている (p. 13)。また、大学で出されるライティング課題の難しさについては、読み書きする文章自体の難しさのためというより、大学で要求される思考の難しさのためであると指摘する研究者もいる。例えば、Spack (1988) は「大学で英語の先生が教えるべき最も重要なスキルは複数の文献を読んでレポートを書くスキルである」と述べている (pp. 41–42) が、最近アメリカの大学でよく出される「複数の文献を読んで引用文を書く課題」は、文章を書くことが難しいというより、その課題をこなすために必要となる知的作業が難しい。それは、自分の考えだけを文章にする作業よりも、さまざまな文献に書いてある情報を分析的に読み、自分の目的に沿って選択整理し、首尾一貫した文章に統合する作業に高度な知的能力が求められるためである (3.2 参照)。

■ 大学における学生への期待の変化

　盗用の問題を書き手の側である学生の問題というよりも、レポートを読む側である教員の学生に対する期待の変化と結びつけて論じる研究者もいる。Newell, Garriga, and Peterson (2001) によると、大学でよく課される引用文を書くためには、文献から得た情報を自分の文章全体の中に適切に位置づける必要がある。そのためには、文章全体の構成を創り出し、自分の主張を支持するために他の文献からの情報を使い、その情報を適切に解釈しなければならない (p. 166)。Moody (2007) は、文章にはそれを書いた書き手が存在し、書き手との交渉が可能であることを認識すべきだし、文献で提示された知識というものは事実として受け入れるのではなく、疑い、検証し、評価すべきものであると述べている (p. 199)。このように、大学では、読んだ文章をあまり変更せずに要約するだけでは不十分（場合

によっては、「表現の盗用」か「パッチワーク文」とみなされる）で、それを自分の目的のためにどのように変更して使うかを考えたり、文章からいったん離れてそこに書いてある情報自体の妥当性や信頼性まで考慮して読み、そのように読んだ結果として自分の解釈や評価を書くことが期待されていることを学生は認識しなければならない。

さらに、大学においては学生の読み書き能力を超えた物理的に無理な要求がされていて、それが学生を盗用に追いやっていると指摘する研究者もいる。Abasi and Akbari (2008) は、英語圏の大学では、100ページを超えるような膨大な量のリーディング課題が毎週出され、十分な時間がない中でレポートを書かなければならず、しかも他の授業の課題もこなさなければならない。さらには、「レポートはアカデミック・ライティングのスタイルで書くこと」(Course outline, as cited in Abasi & Akbari, 2008, p. 272) というような、多くの学生にとって達成不可能と思われるような要求もされるのである。

上記のように、盗用を取り巻く問題は、盗用をする学生の道徳心の問題であるというより、大学で出会う文章や課題そのものがもつ難解さや複雑さ、学生に対する要求水準の高さなど複雑な原因が絡み合っている。

2.3　理想の言い換えは現実的に可能か

■ 理想の言い換えの難しさ

Howard (1995) の盗用の分類による「ごまかし」(cheating) については、学生が自分の努力によらないものを自分の功績にしたてようとしているという意味においても、学生の実力を示していないという意味においても明らかな違反である。また、「出典無記載」(non-attribution) については、引用のルールの学習が不十分という意味で、やはり不適切な書き方と言える。不適切かどうかの微妙な線というのは、「パッチワーク文」(patchwriting) にあるのではないだろうか。パッチワーク文の問題は、原文と似すぎていることにある。文章を言い換える場合、たとえ出典を示しても表現が原文と似すぎているとパッチワーク文とみなされ、やはり不正とみな

される。しかし、この判断はさまざまな問題をかかえている。その問題の一つは、言い換えをする必要性を感じていない学生がいることである。本書 26 ページの Paul Stables の学生のコメントが示すように、特に外国人学生は言い換えをして英語の間違いをするよりも、原文の表現をそのまま使ったほうがいい英文が書けると考えている。Pecorari and Shaw（2012）も、"Cows have four legs" という文をどのように言い換えろと言うのか等の例を挙げて、文が比較的短い場合は、言い換える意味がなかったり、言い換えられない場合があると述べる（p. 154）。

さらに本質的な問題は、不適切ではない言い換えが現実的に可能なのかということである。例えば、Yamada（2003）は北米の大学のいくつかのホームページの中でモデルとして示されている言い換えを分析しているが、その言い換えはあまりにも精巧で、どうしたらこのような言い換えになるのかを学生に説明するのが難しいことや、言い換えが「意味を変えないで忠実に内容を言い換えること」だとしたら、もはやモデルで示された文章は書き手の解釈が入っているので言い換えとは言えないのではないかという点を指摘している（p. 250）。

Yamada（2003）も参考にしているワシントン大学のライティング・センターのホームページ（Writing Center at Washington University in St. Louis, n.d.）で紹介されている言い換えの例を見てみよう。

> 原文: Neil Denari created an elevated cultural mall, celebrating the machine and, in his own phrase, the "mechanicool." Denari articulated his mall as an object against its surroundings; it made communities on both sides of the freeway.

> 言い換え: Architect Neil Denari designed a mall to span a Los Angeles freeway and connect distinct urban spaces on either side by means of escalators. Instead of blending into the landscape, the mall would hold itself aloof, accessible only through technology (Shane 102)

はたして、原文だけを読んでこのような言い換えが可能であろうか。しかも、それを大学生に期待することは妥当なことであろうか。原文以外からの情報なしに、描写されている状況を頭の中で再構築し、原文の表現を使わず他の表現で説明することは、ほとんど不可能に思える。

Roig (2001) もまた、適切な言い換えの可能性を疑問視している。彼の行った実証実験の中で要約の課題を出したところ、大学教員ですら情報を正確に伝えるためにできるだけ原文に近い表現を使って要約をしていたこと (p. 315) や、十分な情報がない中では適切な言い換えを行うことは難しいという感想をもらしていたこと (p. 319) を報告している。この研究は、熟達した書き手であっても、原文の情報について十分な背景知識がない中で情報を正確に伝えようとすれば、原文の表現から離れることが難しいことを示している。

研究論文における言い換えが可能なのは、研究者に研究分野について深い知識や経験があるからだ。例えば、Bazerman (1988) は、科学者たちが実証研究についての論文をどのように読むのかを観察し、特にその記述の真実味に注意を払っていることに注目している (p. 248)。科学者は、自分の経験と照らして、実験の様子を心の中で再構築し、そこに書かれていることや書かれていないことを基にその実験方法の妥当性や結果の信憑性を判断する。研究論文において他人の研究を説明するさいには、このような読み方と理解が前提となる。研究論文において重要なのは、意味を変えないで表現を変更することではなく、記述から具体的な状況を再構築できたことを示すことなのである。もしそうであるならば、研究内容についての知識に乏しい学生にこのようなことを期待することは、無理があるのではないか。

■ 外国語話者にとっての言い換えの難しさ

母語話者にとって適切な言い換えが難しいとすれば、外国語話者にとってはなおさらである。Mayers (as cited in Shi, 2004) は、外国人の学習者は、文構造を単純化 (syntactic simplification) したり、文章を凝縮 (text reduction) する力がなく、そのために原文の文章をそのまま使ってしまう

ことがあることを指摘している (p. 173)。Stanley (2002) のまとめた TESL-EJ Forum の議論の中で、Hong Kong Shue Yan 大学の Paul Stables は、学生に言い換えについて教えたら、「つまり、この完璧な英語で書かれた文章を、文法や単語の間違いだらけの英文に書き換えて欲しいわけですね？」とある学生に言われたことを記述している。Hu (2001) は、外国人は「自分の英語」(English of their own) をもっていないため、常に他人の言葉を使わざるをえないと述べている (p. 54)。

　Keck (2006) は、母語話者と外国語話者に文章要約の課題を与え、その中で言い換えがどのように行われているかについて実証実験を試みている。そして、この実験で行われた言い換えについて、それが原文からどのくらい離れているかによって、「ほぼ原文のまま」(near copy)、「最小限の変更がされている」(minimal revision)、「変更がまあまあされている」(moderate revision)、「かなり変更されている」(substantial revision) の4段階に分けた。「ほぼ原文のまま」とは、原文から長い表現（平均的には5語）を抜き出してそのまま使っていて、文章の50%以上が原文の表現からなる文章である。「最小限の変更がされている」とは、20〜49%が原文の言葉であり、「変更がまあまあされている」とは、原文の言葉が20%以内で、「かなり変更されている」とは、文章の85%以上に独自の表現が使われ、原文の言葉は15%以内で、しかもその15%には、文章のキーワードだけが使われている文章である。この実験の被験者のほとんどが、ただ原文をそのまま写すのではなく何らかの形で自分の言葉で言い換えようとしていたが、母語話者の多くが、「変更がまあまあされている」、「かなり変更されている」と判定された一方で、外国語話者は、「ほぼ原文のまま」か「最小限の変更がされている」と判定された。この結果を踏まえて、Keck (2006) は盗用の判断を下すさいには、学習者の言語力も考慮すべきであると主張している (p. 275)。

　以上の結果から、大学教員が期待するような理想の要約なり理想の言い換えを現実的に大学生に期待できるのかについては、疑問視せざるをえない。

2.4　読み書き能力習得についての前提は妥当か

■　文章の相互依存性と他人の言葉の借用という考え方

　2.1で、盗用の考え方は歴史的文化的文脈に依存した相対的な価値観であることを述べたが、盗用の議論には、さらに本質的な問題が含まれている。盗用が成立するためには、文章は書き手の独創であり、書き手の所有物であるという前提がなければならない。しかしながら、文章はそのように独創的なものであろうか。Bazerman (2004) によると、「私たちが使う言葉や表現はこれまでにどこかで聞いたり読んだりしたもの」であり、「書き手の独創性とは、これらの言葉を、特定の文脈で特定の目的のために使えるように、新しく組み合わせること」である (p. 83)。

　このような考え方の基となっているのは、Bakhtin (1981, 1986) の「他人の言葉の借用」（appropriation）という言語習得に関する考え方と、Bakhtinの対話主義とSaussureの構造主義的記号論の統合を試みてKristeva (1986) が創り出した「文章の相互依存性」（intertextuality）という概念である。

　Bakhtin (1981) は、「他人の言葉の借用」について、次のように説明している。

> 生の社会的観念を具体的に表すものとして、さまざまな意見を表すものとして、言葉というものは、個人の意識の中では、自分と他人の境目に存在する。言葉は、半分他人のものなのである。それは、話し手が、言葉に自分の意図や口調をのせ、自分の目的のために使うときに初めて「自分の言葉」になるのだ。これ以前は、言葉は中立的で非人格的な言葉として存在したのではなかった。（言葉は辞書からもってくるものではないのだ。）そうではなくて、言葉は他人の口や他人の文脈の中に存在し、他人の目的のために使われていた。人はそこから言葉を借りて、自分のものにしていかなくてはいけない (pp. 293–294)。

　一方、Kristeva (1986) は、「文章の相互依存性」について「どの文章も、

他の文章からの引用を組み合わせて構成されているし、どの文章も、他の文章を吸収し変形させたものである」(p. 37)と説明している。

■ 技術革新が引き起こす相互依存性の認識

　Howard (1995) は、近年の技術革新がアイディアや文章の相互依存性についての認識の変化を引き起こしていると述べる (p. 791)。ハイパーテキスト上では、もはや誰が書き手で誰が読み手かの区別をつけることができない。文章は共同作業としてなされるため、著作物は個人ではなく共同の財産となる。そして、創造的な個人がそこにアイディアや言葉を付け加えることによって、より良いものになっていく。このような環境においては、著作権や知的所有権を個人に帰することがますます難しくなる。Geisler et al. (2001) は、IText という考え方を提唱している。IText とは、E メール、ウェブ、デジタル技術などの「テキストを中心とした情報技術」で、これらの道具を使うことで、過去の活動の上にさらに活動を積み上げていき、新しい文脈の中でそれを変化させることができる。Howard (2007) は、この技術は、読み手、書き手、文章の相互依存性をより明らかにし、情報の関連性を目に見える形で示してくれると言う (p. 10)。

　このように、1990 年代以降の英語圏においては、言葉やアイディアは、個人の創造というより社会から学ばれ獲得されるものであるという、「他人の言葉の借用」(appropriation) や「文章の相互依存性」(intertextuality) についての認識が広まり、文章作成や言語学習についてのとらえ方が変化してきている。この新しい考え方によると、書き手の責任は、他人の文章に依存せずに独自の言葉やアイディアを創り出すことというより、自分の文章の中で使わせてもらう他人の考えや言葉に対して、どう敬意を払い代価を払うかという部分にある (Buranen & Roy, 1999, p. xviii)。したがって、適切な引用か盗用かを分けるのは、他人の考えや言葉を借用したかどうかより、その借用において相手に敬意を示し得ているか、そして、他人から学ばせてもらった恩恵に見合うだけの貢献を自分もできているかどうかである。

2.5　大学教員と大学生の間の認識の相違

■ 教員側の認識

　研究者でもある大学教員と大学生の間には、大きな相違が存在する。その相違は、読み書き能力や研究力の差ばかりではない、研究者としてどう振舞うべきかについての考え方や読み書きに対する態度にも、大きな相違がみられる。

　Sutherland-Smith（2008）のオーストラリアにおける大学教員を対象とした調査によると、盗用は常に意図的に行われると考える教員は、盗用かどうかを判断するさいに学生の意見を聞く必要はないとする。これに対し、不正の意図のない盗用もありうると考える教員は、盗用はしてはいけないと知っていても、引用のルールをよく知らなかったり、知っていてもルールに沿って書く能力のない学生は盗用を疑われるような書き方をしてしまうので、盗用の判定を行う場合は学生の意見を聞くべきであると述べる。

　このように、教員によって盗用の定義や判定に対する考え方は異なるのだが、学習や文章の読み方に対する期待には共通点がある。以下に、Sutherland-Smith（2008）の調査から、英語圏の大学教員が学生に期待する態度についてその特徴がよく現れている個所を拾ってみる。

　Kate の意見：「私の講義ノートをただ写して、それをコピペして提出するなんて！　どこに彼ら独自の考えがあるのかしら？」（p. 137）

　Jane の意見：「わが校の教育システムは、知的厳格さを誇りにしており、学生は質問したり論議したりするべきです。ただ、座って情報を吸収しようという態度は受け入れられません。学生は、文章をよく精査する中で自分の意見を形成すべきです。このような知的環境の中では、ただ暗記するなんて行為は認められません」（pp. 137–138）

　Renuka の意見：「私たちは、教えられたことをただ忠実に繰り返すだけなんてことには賛成できません。学生には、問題意識をもって授業に臨んでほしいと思っています」（p. 142）

　Ann の意見：「私は、学生のレポートに私が授業中に言った言葉がそのまま使われているのを見たくありません。学生には、講義をよく聴き、

自分で関連文献を読んで、自分なりの意味づけをしてほしいと思っています」(p. 145)

これらのコメントからわかることは、英語圏の大学においては学生は文章をただ受け入れるのではなく、それと深く関わり、文章に対して問題意識をもったり議論したりしながら、情報を知識に変えるべきだという期待である。この期待のために、読んだ文章をただ繰り返したり、自分なりの解釈がされていない文章は受け入れられないのだ。

■ 学生側の認識

このような大学教員の期待に対して、学生のほうはそこまで学習に対して真剣な態度をもちあわせていなかったり、まったく違う価値観をもっていたりする。盗用の判定の難しさも手伝って、「一部の学生にとって、盗用は誰もがすべきではないと言っているが誰もがしている行為である」(To some students, plagiarism is something "everyone says you shouldn't do it, but everyone does it")(Paterson et al., as cited in Shi, 2006, p. 267)。

学生の視点から見てみると、教員とは実に違う景色が広がっている。例えば、アメリカの「ライティングプログラム管理者協会」(WPA, 2003)は、学生が盗用に至る原因について以下のようにまとめている。

盗用と知りつつ盗用を行う学生の原因：実力では単位が取れないかもしれないという不安をもっている。時間がない。課題を重視していない。どこにでもあるような課題なので、答えもどこからもってきてもいいと思っている。過去に盗用が起きたさいに、教員や組織が適切な対応をとらなかった。

盗用するつもりではないが盗用を疑われる書き方をしてしまう学生の原因：引用の仕方がわからない。引用の仕方について、知識としては知っていても、使い方を間違っている。文献を読むさいのノートの取り方がわからない。過去の教育において引用の仕方を厳しく指導されていない。学生は研究の仕方や引用の仕方を身につけているはずだと大学教員が勝手に思い込んで指導をしていない。異文化から来た学生がアメリカの大学における引用の慣習になじんでいない。他人の文章を自

分の文章として借用することが認められるジャンルもあるため、混乱している。

学生が盗用に至る上記の理由からわかるように、学生の間でも、学習に対する真剣さや引用や盗用についての知識やスキルにおいて違いがあるし、文章との関わり方においても違いがある。ただ、学生の文章の関わり方には共通点もある。

Kantz（1990）は、Shirley という普通の大学 2 年生と Alice という研究者を例にとって、「課題のとらえ方」（task representation）と文章の読み方の違いを対比している。Shirley は、調べて書く課題が出たので、ある歴史上の戦いについて 6 冊の本を読み、それに基づいてレポートを書いた。その書き方というのは、さまざまな文献に書いてある事実の共通点を見つけて、できるだけ詳しくわかりやすく書くというもので、文献間の矛盾に触れたり、文献に対してコメントすることはせず、ただそこに書かれていることに賛成か反対かだけを書いた。そして、C⁻ という悪い成績をもらった。Shirley は、この成績に不満であったので、Alice に相談する。それに対し、Alice は文献を評価しながら読み、そこから問題点を見つけ、自分が見つけた独自の問題点を中心にレポートを書くよう勧めた。このように、一般的な大学生は、文章を事実の寄せ集めとして読み、文献そのものの信憑性まで考慮すべきであることに気づいていない。

2.6 まとめ

■ 盗用の時代と文章の相互依存性の時代

上記のように、盗用という問題は、1990 年代から研究が盛んになり、単純な道徳心の問題ではなく、さまざまな論点を含む複雑で難しい問題であるという認識が英語圏のリテラシー研究者の間で広まっていった。盗用研究が盛んになる前の、盗用を単純に道徳心欠如の問題と考えていた時代を「盗用（plagiarism）の時代」、さまざまな視点から盗用研究が行われ、この問題を複雑で難しい問題であると認識するようになった時代を「文章の相互依存性（intertextuality）の時代」に分けると、表 2.2 のように盗用問題

	盗用の時代	文章の相互依存性の時代
盗用のとらえ方	意図的なごまかし行為で、学習者の道徳心の欠如の問題。	ごまかし、出典無記載、パッチワーク文など、盗用の意図においても借用の程度においてもさまざまな行為が含まれる。道徳心の欠如ばかりが盗用の原因ではない。
	犯罪という否定的な見方。	盗用の種類により、犯罪や学習不足という否定的な見方と、学習ストラテジーになるという積極的な見方がある。
	主に研究者や研究機関の視点。	主に学習者の視点。
	問題の責任は学習者だけにある。	問題の責任は、学習者、教育者、教育機関にある。
	学習者の違反の問題。	学習者の違反の問題か学習過程や発達の問題。
	学習者の発達段階は考慮しない。	学習者の発達段階を考慮する。
対処法	取り締まりを強化し、罰則を与える。	必要に応じて罰則も与えるが、事前・事後指導を行い学習者を教育する。
環境	紙の印刷物のみ。	紙の印刷物に加えて、ハイパーテキストやインターネット上の読み書きも含む。
文章のとらえ方	個人の知的財産。文章は個人によって創造される。文章は、個人によって作られる。書き手の創造性は、自分の考えを自分の文章で表す部分に表れる。	社会全体の共有財産。文章は、他人の文章の影響を常に受けている。文章は個人または共同で作られる。書き手の創造性は、自分の目的のために他人の文章をいかに利用するかに表れる。

表2.2. 「盗用の時代」と「文章の相互依存性の時代」の盗用のとらえ方の比較

のとらえ方、対処法、環境、文章のとらえ方に変化がみられる。

このような盗用のとらえ方の変化を受けて、盗用に対する対処の仕方も、罰則によってだけではなく、教育的指導によって対処すべき場合もあるという認識が広まっていった。そして、盗用の問題は、学習者だけの問題で

はなく、指導者や教育機関にも防止する責任があることが認識され始めた（e.g., Conference on College Composition and Communication ［CCCC］, 2009; WPA, 2003）。

例えば、アメリカの「ライティングプログラム管理者協会」(WPA, 2003) は、教員の主な責任は学習環境作りで、教員は引用の仕方についての方針やどのような態度が望ましいのかをきちんと説明し、引用の仕方を練習させ、面接や学生同士の協力などを通してリサーチの仕方についての補助を行うべきだとしている。課題を出すときは、ノートを取り、草案を書き、推敲するというように書くプロセスを分けてあげて、問題のある学生とはよく話し合い、盗用が疑われるケースについては、きちんと報告し適切な処置をとる等、教員としての責任を果たすことを提案している。

一方、管理者側には、大学全体で学問に対する誠実な態度を守る環境をつくるために、正しい研究のありかたや不正への対応についての方針を発表し、引用の仕方のわからない学生のために、ホームページで情報提供をしたり、ライティング・センターを設置するなどのサービスを提供したり、学生と先生の話し合いの手助けを行ったり、先生向けの研修提供や先生の個人指導の時間の確保のため労働条件を改善してあげるなどの責任を果たすことを提案している（WPA, 2003）。

2.7　英語圏における盗用問題の現状

■ 盗用についての新しい考え方が広まらない理由

ただし、このような認識の変化は、リテラシー研究者の間では一般的になってきたが、英語圏の大学組織全体には広がっていないというのが現状であるようだ。そして、その原因について、Adler-Kassner, Anson, and Howard (2008) は、「盗用の問題は道徳心の問題である」という先入観と、盗用の問題を道徳心の問題として矮小化しようとする動きのためであると言う。そして、この動きを扇動しているのはマスコミであると言う。インターネットの発達とともに盗用が広がり、もはやコントロールできなくなってきたというニュースは、研究社会の慣習を無視する悪い学生や無知な学

生がいるために教育のしくみが崩壊しつつあるという先入観と合致するので、広がりやすい。客観的な研究結果に基づいて議論を進めようとしても、多くの人がもっている盗用についての思い込みのために、盗用についての議論が先に進まないのである。このために、大学におけるライティング教育の目的がもっぱら盗用を防止することにおかれ、学生に信用や信頼性の意味を理解させ、文章を書くことで本当の意味でのコミュニケーションに参加させるという、ライティング教育の本来の目的から逸れてしまっていると言う。

第3章 盗用とはどういう問題なのか

3.1 研究社会への移行の問題

　前章では盗用に対する認識の変化を扱ったが、この新しい認識に基づいて改めて盗用問題を考えた場合、大学における学生の盗用はどのようにとらえられるのだろうか。私は、一言で言えば、研究社会という新しい社会への移行の問題だと考える。引用や盗用に関するルールは、研究社会という共同体において遵守することが求められるルールであり、それを守ることで研究社会という共同体への責任を果たすことになる。学生の盗用問題は、この研究社会の価値観への移行がスムーズに行われなかった場合に発生する。では、研究社会とはどのような社会で、研究社会に入るには、どのような行動をとる必要があるのだろうか。

　研究社会の議論に参加することについて、Burke (as cited in Flower, 1993, p. 15) は「果てしなく続く会話への参加」というおもしろい比喩を用いて説明している。

　喫茶店に入る自分を想像してほしい。あなたは遅れてやって来た。あなたが着いたときは、他の人はあなたよりずっと先にそこに来ていて、議論に熱中している。熱中しすぎていて、あなたのために議論をやめて、何を議論しているか説明する余裕などない。実際、その議論はそこにいる人がそこに来るずっと前から続いていたので、そこにいる誰もどんな議論がこれまでされてきたのかをあなたに説明する資格などない。あなたは、しばらくその議論に耳を傾け、議論の流れをつかむ。そして、自分の意見を言う。誰かが答える。あなたが答える。他の人はあなたの味

方をしたり、相手の味方をしたりする。あなたの味方の援護の質によって、相手はきまり悪い思いをしたり、感謝したりする。しかし、議論は続く。時間がたって、あなたはその場を離れなければならない。そして、実際その場を離れるのだが、議論はなお活発に続いていく。

　上記の比喩が示すように、研究分野の議論に参加するためには、まず特定の研究分野で何がどのように話し合われてきたのかをよく理解し、その研究分野の議論に何らかの貢献をしなければいけない。そのためには、研究分野全体の中での自分の研究の位置づけを、きちんと把握しておかなければならない。研究論文における文献研究の大切さはここにある。文献研究の中では、自分の研究分野の先行研究を整理統合し、その研究全体の中での自分の研究の位置づけを明らかにしなければならないからだ（e.g., Swales & Feak, 2004）。また、研究分野の一員であると認めてもらうためには、そこで期待されている適切な振舞いをしなければいけない。大学では「大学でよしとされる引用や言い換えの仕方」（the academic game of quoting and paraphrasing）（Pennycook, 1994, p. 282）に従わなければならない。盗用は、研究者のモラルに反する不適切な振舞いであるので、避けなくてはいけない。適切な振舞いには、適切な話し方も含まれる。特定の研究分野には独特の話し方や文章の書き方があるので、その研究分野ではどのような語彙や文型を使い、どのような話の組み立てで文章を書くのかをよく見て、そこのやり方にならって話したり書いたりする必要もある。
　ただし、これらはたやすいことではない。Purdue OWL のホームページ（Stolley, Brizee, & Paiz, 2013b）では、研究の世界の入口に立つ人がとまどう要因として次の点を挙げている。

- すでに議論されていることに基づいて文章を書かなければいけないのに、何か新しく独創的なことを言わなくてはいけない。
- その分野の権威者や専門家の意見に依存しながらも、その意見に何かを付け加えたり反論したりしなくてはいけない。
- 先行研究の価値を認めながらも、自分も何らかの貢献をしなくてはい

けない。
- その研究分野で使われる表現を使いながらも、自分の言葉を使わなくてはいけない。

これらの一見矛盾するように見える難しい課題をうまくこなすことができる人のみが、研究社会に足を踏み入れ、そこでの議論に参加することが許される。研究社会は、研究者に研究の議論に加わるという特権的な地位を与えるが、その質の担保のためにその地位にあるものとして周囲の期待に応えるという義務も負わせる。Howard（1993）は、「なぜ盗用をしてはいけないのか」に対する適切な答えは、「盗んだりうそをついたりしてはいけないから」や「ルールには従わなければいけないから」ではなく、「問題を理解し、議論し、現状を変えることのできる人たちの仲間入りをするため」であると説明している（p. 243）。

3.2 引用とは何か

ここで、研究社会との関係に注目しながら、盗用の問題と表裏の関係にある引用という行為自体の意味について改めて考えたい。2.4で述べたように、「文章の相互依存性」（intertextuality）という視点からは、引用の仕方、つまり、他の人の文章をいかに組み合わせ自分の目的のために使うかこそが、研究者に求められる創造性の表明である（e.g., Bazerman, 2004; Howard, 1995）。また、Angélil-Carter（2000）は、引用について理解すること、つまり「誰が何を言ったか（who said what）を知ることは、知識が構築され（constructed）、議論され（debated）、論争された（contested）ことを知り、研究分野についての理解を深めるために不可欠である」（p. 114）と述べている。

■ 引用の役割の歴史的変遷

引用という行為の歴史はそれほど古くない。せいぜい200年程度といったところである。そして、その役割も歴史的変遷をとげている。Bazerman

(1988)は、学会における議論と論文の形式の歴史を概観している。その中の物理学論文の歴史をとりあげて、引用の役割の変遷を辿ってみたい。

もともと物理学における研究成果は公開実験によって示されていたために、論文はその概要を報告するものでしかなかった。しかし、後に研究はそれぞれの研究室や実験室で行われるようになる。そして、論文は自らの理論の優位性を議論する場となっていく。これに従って、論文の形式は大きく変化する。具体的に言えば、研究方法や実験器具の記述が減り、序論、考察、結論部分が長くなった。

19世紀になると、個々の研究を研究分野全体のネットワークの中に位置づけるようになる。この時期から引用が重要な意味をもつようになる。引用は、もとはただ「謝辞を表すもの」だったが、後に「現在の研究を、研究分野全体を構成する現在や過去の研究のネットワークの中に位置づけるもの」に変化していった (Bazerman, 1988, p. 139)。「引用」(explicit intertexuality) は、自分の主張を支持したり、その意義を拡張するために行われ、研究者たちは、自分の研究を研究分野全体のネットワークの中にしっかりと、そしてできるだけ中心に位置づけることで、説得力をもつことができるようになっていった (p. 325)。

このように、物理学という自然科学においてでさえ、研究の価値は、論文における議論で同じ研究分野の研究者たちを説得し、どれだけ賛同を得られたのかによって決まり、個々の研究者は、引用によって自分の研究を研究分野全体の文脈の中にしっかり位置づけることで、自分の研究の価値を示し、研究分野の中で発言権をもとうとするようになったのである。そして、論文を学術雑誌に掲載してもらい、他の研究者たちに引用されることが、自分の研究と研究者としての自分を認められるという意味をもつようになった。この認識にたつと、盗用は、「言葉を盗む行為というより、研究を認められることに伴う褒美、つまり名誉、名声、権威を盗む行為」(Senders, 2008, p. 196) ということになる。

■ 研究者にとっての引用の意味

Rose (1999) は、引用の意味として次の点を挙げている (p. 243)。

- 他の学者の文献を引用することでばらばらだった研究を体系づける試み
- 研究分野の議論における自分の役割について交渉する試み
- 研究分野の会話において自分の発言権を得る試み
- 研究分野の研究者たちの「ただの会話」("dialectical" conversation)をその研究分野全体を代表する「究極の談話」("ultimate discourse")に変化させる方法

　つまり、引用することで、個々の論文を関連づけて、研究分野全体を体系づけ、今度は研究分野全体の中で自分の研究の意義を議論することができるのである。ただ、個々の研究者が、それぞれに自分の主張のために引用という方法を利用するとしても、研究分野全体としては、引用は全体的な知識の体系づけや方向づけという意味をもつ。そのさい、正確な引用は、信頼できる知識を創造し、研究分野全体の中に個々の研究を体系づけながら、全体として研究を進めているという、研究に対して人がもっている信頼性を担保するものとなる。盗用という行為はこの研究分野全体に対する信頼性を失わせ、研究社会の存在意義そのものを脅かす重大な行為である。

　ただし、このようなとらえ方は、研究者間においては意味をなすが、学生にとっては意味をなさない。引用が学生の立場に影響を与えたり、その適切さが研究社会の信頼性に影響を与えることはないからである。

■ 学生にとっての引用の意味

　では、学生にとって引用文を書くことはどのような意味があるのだろうか。もちろん将来参入する研究社会における議論の仕方を学ぶという意味があるが、学生の学習という視点からも大きな意味をもつ。

　Bloom (as cited in Adamson, 1993, p. 109) の学習の分類によると、学習には「低度の思考 (the lower-order thinking) をともなう学習」から「高度の思考 (the higher-order thinking) をともなう学習」があり、「低度の思考をともなう学習」には、「単純な事実を知ること」(knowledge of simple facts)、「ものごとを単純に理解すること」(simple comprehension)、「知識を応用すること」(application) があり、「高度の思考をともなう学習」に

は、「ものごとを細かな構成要素に分析すること」(analysis)、「全体を統合すること」(synthesis)、「理論や議論などを評価すること」(evaluation)がある。引用という作業には、この分類の中では高度な思考をともなう学習にあたる分析、統合、評価が含まれているため、学習者の思考力を発達させる可能性がある。

さらに、Angélil-Carter (2000) は、学習者の知識の蓄積においては、引用文を書くことで新知識を旧知識の中にしっかり位置づけることが可能になると述べている (p. 121)。

そして、引用文を書くときに、引用のルールに則ることは、他人の意見と自分の意見を区別し、その内容を比較・評価するための前提となる。

3.3　教育や学習の問題としての盗用問題

研究社会の一員となるためには周囲から期待された行動をとる必要があるのだが、大学に入ったばかりの学部生の多くは、研究や研究社会にいることの意味を十分理解していないし、研究力も不足している。そこで、学習のための時間が必要となる。盗用に関する問題は、学生をどう教育していくかや学生がどう学習していくかという視点からみたら、教育や学習の問題であるとも言える。

■ 学習はどのようにして起こるのか

そもそも人がどのように学習をしていくのかについてはさまざまな考え方があるが、ジャンル・アプローチ (genre approach) の考え方では、人は他人から学び、他人の助けを借りたり、一緒に作業をしたりしながら、徐々に学んだことを内在化していき、自立に向かうと考える (e.g., Feez, 1998; Hyland, 2004; Paltridge, 2001)。そして、Bakhtin (1981, 1986) の言語習得についての知見が正しいとすれば、人は他人の言葉を自分の目的のために使用しながら徐々にそれを自分の言葉にしていく。Hull and Rose (1989) も、「人は社会の中でお互いの言葉をまねしながら、グループへの帰属感を確立したり、成長したり、新しく自分を規定したりしている」し、そのよ

うな言葉の借用は「私たちの言語使用の基本的現実」であると述べている (p. 152)。

Howard (1993) は、Brown, Day, and Jones (1983) の要約プロセスの研究をとりあげ、文章が難しい場合や認知的発達の未熟な学習者は「コピー省略法」("copy-delete" method) を使うことを示している (pp. 237–240)。「コピー省略法」とは、読んだ文章の不必要な部分を省略し、その残りを写して要約を書くことで、パッチワーク文と似た特徴をもっている。大学で出会う文章は、学生にとって難しくなじみのないものなので、それを理解し、そこで出会う難しい概念や表現を自分のものにするために、パッチワーク文を書きながら文章と格闘することはいい訓練になる。したがって、パッチワーク文は大学のルール違反や無視を示すものではなく、「新しい文化に入るための健全な努力」(a healthy effort to gain membership in a new culture) を示すものだと Howard (1993) は述べる (p. 236)。この認識は、アメリカの大学作文学会が 2001 年に発表し 2009 年に改正が行われた「第二言語ライティングと第二言語の書き手についての声明」(CCCC statement on second language writing and writers) にも盛り込まれている (CCCC, 2009, p. 2)。

ただ、このように他人の言葉から学ぶことが自分の言葉の形成に必要であるとしても、それは最終的には自分の言葉にならなければならない。では、他人の言葉はどのようにすれば自分の言葉になるのだろうか。

■ 他人の言葉はどのようにすれば自分の言葉になるのか

Bakhtin (1981) によると、言葉には「権威的な言葉」(authoritative discourse) と「納得できる言葉」(internally persuasive discourse) がある (p. 342)。「権威的な言葉」は、社会の中で認められた言葉であるが、文脈を与えたり変更したりして自分の言葉とすることはできない。「納得できる言葉」は、柔軟性があり、「半分は他人の言葉でありながら半分は自分の言葉である」(p. 345) ので、新しい文脈で新たな意味を創造することができる。ただし、他人の言葉が権威的な言葉のままではなく自分にとって納得できる言葉になるためには、他人の言葉の模倣や繰返しでなく、その言葉

と深く関わり、新しい文脈で創造的に使われる必要がある。そして、他人の文章の借用が適切か不適切かは、新しい文脈で新たな意味を創造しえたかどうかによるようだ。

　Tardy（2009）は、就職のためのカバーレターの書き方という新しいジャンルの文章の書き方を学生がどのように学ぶのかについて研究を行い、次のことを発見している。学生たちは他人の書いた文章を模倣しながら自分の文章を作成していたが、ただ模倣するのではなく、ちゃんと自分の文章の目的に最も適した表現や文型を選び、組み合わせていた（pp. 97–98）。そして、その選び方や組み合わせ方は、それぞれの書き手に独特なものであり、その結果、他人の言葉に頼りながらも、自分らしい書き方をしていた（pp. 97–98）。

　このように、人は、新しい社会に入ったときに、そこのやり方を学び、取り入れることで、そこの一員として認められるための努力をする。この場合、特定の社会でよく使われる典型的な表現を学ぶことは、大切な学習の一つである。ただし、その表現が自分の言葉になるためには、新たな文脈で自分の目的のために使われなければならない。

3.4　言い換えの意味と意義

　ここで、なぜ私たちが他人の文章の内容を説明するさいに、その人の言葉ではなく自分の言葉を使わなくてはいけないのか、意識的に言い換えをすることがどのような効果をもたらすのかについて考えてみたい。

■ 自分の言葉と理解の関係

　Wanner（as cited in Anderson, 1995, p. 139）の研究では、人が文章を読んだり聞いたりした場合、ふつうはその「表現」（exact wording）ではなく「意味」（meaning）を覚えていることが示されている。Van Dijk and Kintsch（1983）の読解モデルによると、人は、まず文章の言葉から「言葉通りの表象」（verbatim representation of the text）を作り出す。それを、「テキストベースの表象」（textbase representation）に変換するのだが、この時

に首尾一貫した文章の概要の理解が作られる。これに、読者の背景知識が加わり、「状況モデル」(situation model) が作られ、本当の意味の理解が生まれる。本当の意味の理解とは、記述からそれが指す内容を具体的なイメージとして再構築できたということだ。つまり、ふつうの読解においては、文章で使われていた表現は記憶に残らない。もし、そうであるならば、原文の表現を繰り返して書いた文章は、理解をともなわない物理的な作業をしたにすぎないことになる。

■ 言い換えの効果についての研究

　他人の言葉の繰返しが深い理解を示さないとしたら、他人の言葉を繰り返す代わりに意識的に言い換えを行うことが理解を促進する可能性がある。これまで、その効果についてのメカニズムの説明や実証研究が行われてきた。

　Bazerman (1995) は、大学生向けライティング教科書の中で言い換えの仕方を紹介し、その効果を次のように説明している。正確な言い換えのためには、原文を読むときに、表面的な意味だけでなく細かなニュアンスまで注意して理解する必要があるため、原文の意味の明確化が行われる (p. 48)。言い換え作業においては、適切な言い換え表現を探し (search for appropriate synonyms for substitution) (p. 49)、文型を変えなければならない (move the structure of a sentence around) (p. 50)。別の表現を模索するときには、筆者が本当に言わんとしていることは何か考えるし、文型を変えるときには情報間の関係を再構築しなければならない。これらの作業を通して、理解が深められるという。

　Kletzien (2009) は、言い換え (paraphrasing) とは内容を自分の言葉で表現することであり、要約 (summarizing) ともリテリング (retelling) とも違いがあると考えている (p. 73)。特に、重要なのは、リテリングとの違いである。リテリングにおいては、原文の表現を使って内容を説明してよいとされ、内容を理解していなくてもリテリングはできると説明されている。それに対し、言い換えにおいては自分の言葉を使わなければならず、原文の表現を自分がいつも使っている言葉に「翻訳」(translate) しなければい

けないので、ほんとうに内容を理解していないと言い換えはできないし、その時に原文の内容と自分の背景知識をつきあわせるという作業が行われるので、理解が深まると言う。そして、文章を読むとき、ときどき文章を見ないで自分の言葉で説明してみて、それができなければもう一度文章を読み直すことで理解の確認ができると述べている。

　Katims and Harris（1997）は、中学生を対象とした指導において、6週間 RAP（*R*ead a paragraph, *A*sk yourself questions about the main idea and details, and *P*ut the main ideas and details into your own words using complete sentences）という言い換え指導を行ったグループと通常の読解指導を行ったグループの読解力の変化を比べているが、RAP 指導を受けた中学生のほうが通常の指導を受けた中学生より読解力が高まったことを報告している。その読解力の伸びは通常の指導を受けたグループが 3.5％ だったのに対し、RAP 指導を受けたグループは 17％ であった。McNamara（2004）や Karbalaei and Amoli（2011）が行った実証研究においても、意識的な言い換えのトレーニングが読解力を高めることが示されている。

　さらに、前に挙げた Brown, Day, and Jones（1983）の要約プロセスについての実証研究では、熟達した書き手と未熟な書き手が比較されていて、熟達した書き手は、要約のさいに自分の言葉を使ってまとめを書くが、認知的に未熟な書き手は、抜き出した原文の言葉をそのまま使う傾向にあった（p. 974）。この研究からも、文章をよりよく理解すればするほど、より自分らしい言葉でその文章を説明できるようになることがわかる。

　このように、多くの研究によって、意識的に言い換えを行うことが理解を深めることが示唆されている。

3.5　盗用の判定と対応の問題

　上記のように、大学特有の引用のルールや文章の書き方には、大学社会において学生に期待される思考法や文章との関わり方が反映されている。したがって、学生はそのルールや書き方を身につける必要がある。ただし、引用のルール違反である盗用の判定や対応の仕方については、現行のやり

方の妥当性について考慮すべき点がある。

■ 表現の類似が盗用発見の手がかり

Bouville (2008) は、「アイディアを盗んだかが盗用の本質」(ideas are what plagiarism is about) なのに、「その特定は同じ単語を使ったかどうかによってなされる」(words are how plagiarism is detected) と述べている (p. 312)。現在においては、多くの場合「表現の類似」が盗用発見の手がかりとなっている。現在のように膨大な数の論文が発表される環境においては、テクノロジーの力を借りて盗用を発見する必要があり、表現の類似は最も利用しやすい手がかりだから用いられているのだろう。arXiv での盗用発見においては、7 語以上同じ単語を続けて使っていた文が 4 つ以上見つかった 677 の論文について盗用の嫌疑がかけられ、その論文の中身を精査して盗用かどうかの判定を行っている (Sorokina, Gehrke, Warner, & Ginsparg, 2006)。

Grom (2009) は Deja vu という盗用発見システムを使った検索結果を報告しているが、その中で科学論文において「はめこみ」(patchwriting)[1] が発見されるケースを報告している (Grom, 2009, p. 1005)。これは、論文の序論、研究デザインなどのほとんどの文章を他の論文から借用し、具体的な実験データだけがオリジナルなものであるというケースである。ある中国の研究グループは、他の研究者の発表した乳がんについての研究論文の実に 95% 以上の文章を盗用し、自分たちで行った鼻咽頭がんの研究データをそこにはめこんで論文を書いて、数年後に他の有名な学術雑誌に掲載されている (p. 1005)。これでは、文章の盗用というより研究の意味説明の盗用であり、そこに研究者による研究の意味の理解は存在しない。このような悪質な事例もあるので、やはり表現の類似はチェックする必要がある。

---

1) この本の中では、patchwriting を「パッチワーク文」と訳して、「原文に近すぎる言い換え」や、「不十分な言い換え」の意味として使ってきたが、Grom (2009) は、他人の研究論文の文章の中に自分のデータをはめこんで論文を書くという意味で使っている。

また、表現の類似を盗用の判定基準とすることの妥当性を示唆する研究もある。例えば、Coulthard（2004）は、Sinclair（1991）の提唱した idiom principle を使って、2つの表面的に類似した文章があるとしたら、その表現が長くなればなるほど偶然2人の書き手がその表現を選択したという可能性は低くなると述べ、それをグーグル検索を用いた具体例を使って示した。Coulthard（2004）の例を使うと、"I picked" を検索すると 1,060,000 例が出てくるのに対し、"I picked something" となると 780 例と激減し、"I picked something up" となると 365 例、"I picked something up like" となると 1 例、"I picked something up like an" となると 0 例となる（p. 441）。この具体例が示すように、2つの文章において偶然同じ表現が使われる可能性は、特に一続きの単語数が多くなればなるほど低くなる。したがって、表現の類似をもって盗用が行われた証拠とすることには妥当性がある。[2]

■ 表現の類似は盗用の最終的な判断基準としては不十分ではないか

現在においては、表現の類似が主に盗用発見の手がかりとして用いられていて、それには妥当性があるものの、表現の類似は盗用の最終的な判定基準としては不十分だと考える。

Li and Casanave（2012）は、香港の大学に通う2人の大学1年生の書いた引用文課題の分析を行っている。このうちの1人は盗用を疑われ、もう1人はより多くのパッチワーク文を使っていたにもかかわらず盗用を疑われていない。それぞれの文章を分析したところ、盗用を疑われた文章は、全体にまとまりがなく、出典の書き方も統一されていなかったが、盗用を疑われなかった文章は、まとまりがあり、引用部分が文章全体の中によく統合されていた。また、後者は、さまざまな文献を使い、自分の主張をするために引用した文献はデータとして使っていた。

---

[2] これに対し、Hoey and O'Donnell（as cited in Pecorari & Shaw, 2012, p. 157）は、表現の類似はどちらかがどちらかの表現を借用したという理由の他に、その言葉の使われる状況について両者が同等の知識と経験をもつという理由もあることを指摘している。例えば、特定の状況における謝罪の言葉は類似しているが、それはどちらかがどちらかの表現を借用したからではない。

また、Petrić（2012）は、高評価を受けた修士論文と低評価を受けた修士論文における引用の仕方を比較し、どのような引用の仕方が適切で効果的なのかについて研究を行っているが、この研究から次のことがわかった。効果的な引用においては、短い直接引用が多用されていたが、引用符を使用することでどこが他人の言葉かが明確に示されていた。そして、それが書き手の言葉と効果的に組み合わされることによって、一見まったく違う文章であるような印象を与えていた（p. 111）。

　これらの研究が示すように、人が引用について適切かどうかを判断する場合は、借りた表現の量を問題とするのではなく、それがどのように使われたかを問題とする。したがって、表現の類似は盗用の最終判断基準とはならないと思う。

　また、自分の文章を自分の言葉で書くことが大切なのは、その言葉が個人としての理解を表しているからである。しかし、言葉にはそのように個人の理解を表すというより単なる記述として使われる言葉もある。私は、盗用かどうかの判定は表現の類似性に加えて、その言葉が「個人としての解釈」（words for interpretation）を表すために使われたのか、単なる「記述のための言葉」（words for description）として使われたのかも考慮すべきだと思う。例えば、実証研究において実験のやり方を説明する部分において使われる言葉は記述のために使われる言葉であり、引用符使用規則の例外の「一般的な言葉」（standard terms）にあたるように思う。したがって、記述のための言葉については、典型的な単語や表現を短いまとまり（chunk）として拾って覚えていくことに問題はないように思う。

　Roig（2007）は、「研究の倫理機関」（ORI）で行われている盗用の判定について報告しているが、ORIは、他の部分では他人の文章の表現を使うことは不適切であるとしながらも、先行研究や実験方法の記述については、他人の文章の使用や自分の文章の再利用について制限を設けないという柔軟な姿勢をとっている（p. 39）。それは、もともとの文章が高度に専門的である場合や書き手の英語のレベルが高くない場合は、原文をかなり変更することが難しいためである。したがって、もちろん借用の量や程度にもよるだろうが、実験方法や先行研究の部分に他人の文章をそのまま使っても、

盗用 (plagiarism) の一種ではあるが、不正行為 (misconduct) とは判定していない (p. 39)。

論文の中における文章の目的に加えて、学問分野の違いも考慮すべきだ。Bouville (2008) は、以下のように学問分野における表現の重要性の違いについて説明している。例えば、詩においては「表現が詩の本質」(words are what poetry is all about) だが、科学においては「科学的重要性は表現に左右されない」(its scientific importance is not affected by the wording) (p. 314)。そして、「アイディアの質がよくなければいい科学者とは言えないが、英語が弱くてもいい科学者でありうる」(A scientist whose ideas are weak is certainly not a good scientist; a scientist whose English is weak can be a good scientist) と述べる (p. 314)。ただし、科学者であっても、自分の研究やその背景として引用した他人の研究については十分理解しているべきで、文献研究や自分の研究の考察部分はやはり自分の言葉で書かなければならないように思う。

1.1で触れたトルコの理論物理学者たちの盗用問題 (Brumfiel, 2007; Yilmaz, 2007) については、他人の文章を借用することによって自分の研究の前提となるべき先行研究の十分な理解を示しそこねているという点において、やはり研究者としての責任感を欠いた行為ということになるのだろう。[3]

そして、言い換えがそのような深い理解を前提としているのであれば、学生に研究者と同じような言い換えを期待することができないことは明らかだ。学生に対しても、できるだけ自分の言葉で言い換えるように促す必要はあるかもしれないが、たとえその言い換えが原文から十分離れていなかったとしても、それは道徳心の問題というより学習の問題として扱うべきだと思う。

最後に、アメリカの学術雑誌出版社大手の Blackwell Publishing が学術雑誌編集者向けに出版倫理一般について説明した「出版倫理におけるすぐれた実践についてのガイドライン」(Best practice guidelines on publication

---

3) ただし、ORI の基準を用いれば、このケースは先行研究における盗用であるので不正行為 (misconduct) とは判定されない可能性もある。

ethics: A publisher's perspective)(Graf et al., 2007, pp. 20–21)を参考にして盗用判定について考えてみたい。この中で紹介されている盗用への対応表では、まず論文の文章における表現の重なりの量によって対応を分け（Check degree of copying）、論文の書き手の反応（e.g., Author responds / No response, Unsatisfactory explanation / Satisfactory explanation）によってさらに細かく対応を分けている。そして、できるだけ書き手の説明を聞き、書き手に対しても読み手に対しても誠実な対応をするように指導している。これらのガイドラインにおいても、まずは表現の重なりが盗用発見の手がかりとなるが、最終的には書き手の説明も考慮しながら慎重に盗用の判定を行うのが望ましいことが示されている。

3.6　まとめと考察

　結局、盗用という問題は、研究社会という共同体に対する違反であるので、研究者の視点から考えると盗用を疑われる書き方をしないことは研究社会への参加資格を獲得し維持するために必要な態度である。盗用を疑われる書き方をしないためには、研究者として期待される態度に加えて、研究者の議論に参加できるだけの思考力とライティング力をもっていなければならない。学生が引用文の書き方や引用のルールを学ぶことは、まさに研究社会における議論の仕方を学ぶことなのだ。

　ただ、このような態度は、研究社会に身を置きながら徐々に学んでいくものなので、研究社会に入ったばかりの大学生に期待するのは難しい。学生と研究者の行為の判断基準は異なってしかるべきだし、学生の成長を補助しようと思えば、成長の過程に合わせた適切な指導をすべきである。目の前の学生は、いま成長過程のどこにいて、最終的に研究者として自立するためには、いま何をどのように教えなければいけないのかを大学教員は考える必要がある。ただ、個々の学生が学習段階のどこにいようと、学生が課題に誠実に取り組んだか、文章と深く関わったか、理解のプロセスを踏んでいるのかを教員は問題にすべきであると思う。

第 3 章　盗用とはどういう問題なのか

■　学習と盗用の境界線・引用と盗用の境界線

　この章の最後に、これまでの議論を踏まえて、適切な学習と盗用の境界線がどこにあるのか、また適切な引用と盗用の境界線がどこにあるのかについて考えたい。

　出典を示した「表現の盗用」や「パッチワーク文」については、それが盗用かどうかについて研究分野間や研究者間で意見が分かれるし（本書 iv–v ページ注 3 参照）、他人の文章から一続きの表現を取り出し自分の文中で使うという行為が盗用にあたるかどうかという微妙なケースについてはリテラシー研究者間においても統一見解はまだ得られていない（Polio & Shi, 2012, p. 95）が、「他人の言葉の借用」（appropriation）という観点からは、借用した他人の文章が他人のもののままか自分のものであるかは、その表現と深く関わり自分の文脈の中で創造的に使えているかどうかがポイントとなる（Bakhtin, 1981, pp. 345–346）。Pecorari and Shaw（2012）は、適切な引用と不適切な引用について大学教員たちにインタビューを行っているが、研究分野でよく出てくる表現については、短い表現を積極的に模倣して使うことは研究分野にふさわしい表現を学ぶための方法であり、そのような表現については引用の表示もいらないし言い換えも必要ないと答えていた（p. 155）。

　これらのことから、他人の文章から学ぶときに、その文章をよく理解し、そこから一般的な表現を学び、小さいまとまりとして取り出し、加工したり組み合わせたりしながら自分の文章の中で自分の目的のために使うことは、適切な行為ということになるのではないだろうか。外国語として英語を学ぶ私たちにとっては、英語そのものが借用語であるため、英文ライティングにおける盗用という言葉を聞くと何となく後ろめたい気がしてしまうが、しっかり学んだ表現を自分のものにする努力を日ごろからしていれば、盗用をあまり恐れる必要はないのかもしれない。

　また、「文章の相互依存性」（intertextuality）の観点からは、言葉や知識は社会において共有され、組み合わされ、集積されながら独創が生まれる（e.g., Angélil-Carter, 2000; Bazerman, 2004; Howard, 1995; Pecorari & Shaw, 2012）。研究における独創が、先人の知識の集積の上に新たな知識

3.6 まとめと考察

や知見が付け加わって生まれるとしたら、私たちの研究における責任は他人の研究を理解するところから始まる。研究における理解は、ことさら深い理解でなければならない。さらに、研究社会における理解は内容の理解に留まらず、その妥当性や信頼性の理解も含んでいる。情報がどこから来たのかを理解することは、妥当性や信頼性の理解のかぎとなる。どこからどこまでが誰の貢献かを明示することは、その貢献をした人への敬意の表明であり、知識や情報を正確に伝えるという読み手への責任を果たすことにもつながる。引用においては、他人の文章をよく理解し、その妥当性や信頼性、自分の主張との関係を考慮し、他人の文章と自分の文章の境目をできるだけ明確にし、その出典をできるだけ正確に書くという作業を一つひとつ丁寧に行う必要がある。そして、そういう作業をきちんと行ったのかどうかが、まさに適切な引用か盗用かを分ける境界線になるのではないだろうか。

第4章 | 日本の大学で盗用と言われないための英文指導をどう行うか

4.1　日本の大学で盗用の問題を教える難しさ

■ 日本の大学特有の難しさとは何か

　これまで、英語圏における盗用の問題について見てきた。ここでは、日本人大学生や大学院生に英文ライティングを教えるさいに、どのように盗用の問題について指導すればいいのかについて考えてみたい。

　英語圏の大学生であっても、大学という新しい社会に入るときには、研究社会独特の価値観や物の見方、考え方にとまどう。日本人学生も同じで、研究社会は初めて遭遇する社会なので、「研究社会の研修生」(expert-in-training) (Belcher, 1995, p. 135) という新たな役割を認識させ、研究社会の一員として認められるような文章の書き方、他人の文章の扱い方を学ばせなければならない。最近は、他人の文章を適切に引用することの重要性への認識からTOEFL®iBT (ETS, 2007) というアメリカやカナダの大学や大学院入学の資格試験においても他人の文章を説明したりまとめたりしながら書く統合文 (an integrated writing task) という課題が出題されるようになった。しかし、日本人大学生や大学院生に引用や盗用について指導する場合は、独特の難しさがあることも教員は認識すべきだ。

　それは、日本人学生の場合、英語力や英文ライティング力がまだ十分に発達していないことが多いにもかかわらず、この段階で盗用の指摘を受けない書き方を指導しなくてはいけないことである。日本の大学における英文ライティング指導の難しさは、基礎的な英作文力あるいは英語力をつけさせることと、「表現の盗用」(language plagiarism) (Pennycook, 1996, p. 223) や「パッチワーク文」(patchwriting) (Howard, 1995, p. 799) の指

摘を受けないような英文を書かせる指導が、同時進行であるという難しさである。表現の盗用やパッチワーク文を避けるためには、自分の言葉で表現する力と他人の言葉を十分に言い換えることができる能力が必要であるが、多くの日本人学生にはそれをする英語力が不足している。したがって、まずは英文を読んで、そこから表現を学ばせることが必要だし、読んだ英文を言い換えられるだけの英語力をつけさせなければならない。

さらには、アカデミック・ライティングにおいて、自分の言葉で言い換えるとは、日頃から自分が使っている表現を使って言い換えるのではなく、研究社会の一員として他の研究者が敬意をもってくれるような洗練された表現を使って言い換えることを意味する。使い慣れた英語すら持たない段階の学生に、研究社会で使われる高度な語彙や文型を学ばせながら、それを同時に自分の文章で使えるように指導していかなければならないのである。

英語という言語の問題に加えて、文化的・教育的な相違も考慮しなければならない。英語圏では、自他の区別を明確につけ、他人の文章を個人としての自分はどう理解したのかを常に表現することが求められる。日本では、少なくとも高校までの教育においては、情報を暗記し、それを書き写すことさえできれば事足りるという知識の測定法がとられている場合が多く、生徒個々人が情報をどのように理解し解釈したかはあまり重要視されない。言葉を尽くして他人に説明したり説得したりする機会もあまりない。英語以前の母語の段階で、自分の言葉で説明することの重要性を感じていない人が多い。そこで、英語圏において自分の言葉で説明するとはどういうことなのか、そのために何をすべきなのかを明確に教える必要がある。

盗用問題の本質の議論を踏まえ、上記のような日本特有の難しさを考慮に入れながら、日本人学生が盗用の指摘を受けないためには、日本の大学では何をどのように教えたらいいのだろうか。次に、考えてみる。

4.2　大学生と大学院生に教えるべき事柄

■　対象による盗用の意味の違い

　盗用の意味は、視点をどこに置いて考えるかによって変わる。例えば、研究における知識の正確性や正当性を担保するという意味では、研究論文ではどこからどこまでが誰の貢献なのかをできるだけ厳密に示すことが重要だ。Roig（2006）によると、研究者の盗用の中で一番多いのは「文章の盗用」（plagiarism of text）であり、それには英語の理解力や表現力が大きく関わる（本書13–14ページ参照）。これに対して、学生における盗用問題は、研究者における問題とは異質である。学生の書く文章は、研究者が書く文章と同じように扱われることはない。また、学生の書く文章には、研究者ほどの記述の厳密さは要求されない。学生はまだ学習途中であり、教員の主な役割は学生の学習を補助し促進することである。学生の盗用において防止すべきなのは、まずは「ごまかし」（cheating）（Howard, 1995, p. 799）と「出典無記載」（non-attribution）（Howard, 1995, p. 799）であって、それは前者においては学習の不在を、後者においては引用の学習の不十分さを示すからだ。学生に盗用について指導する場合、どの段階の学生を対象にしているのかを考慮する必要がある。研究社会に入って久しい大学院生とまだ研究社会に足を踏み入れたばかりの大学生では、その指導は異なる。

　では、具体的に大学院生に向けてはどのような指導が必要で、大学生に向けてはどのような指導が必要なのだろうか。

　大学院生に教える英語は、「特定の目的のための英語」（English for Specific Purposes [ESP]）の中の「研究のための英語」（English for Academic Purposes [EAP]）と呼ばれる。大学院生は、緊急に、英語論文の書き方を学び、盗用の指摘を受けない書き方を学ぶ必要がある。そのために有効だと思われるのが後述するFeez（1998, pp. 27–35）の提案するジャンル・アプローチである（4.3参照）。この指導法では、文章は特定の社会で目的をもって使われるのだから、まずその社会について学び、そこでの文章の扱われ方について学ぶべきだと考える。この指導法のよい点は、まったく新

しいジャンルの文章の書き方を効率的に学べることである。大学院生に教えるべき具体的な項目としては、研究者としての責任感、研究分野の英語論文の読み方と書き方、「表現の盗用」（language plagiarism）（Pennycook, 1996, p. 223）や「パッチワーク文」（patchwriting）（Howard, 1995, p. 799）を疑われないような言い換えの仕方などがある。大学院生については、これから研究社会の一員としてちゃんとやっていけるように支援してあげたい。

　これに対して、日本の大学生に教える英語は「外国語としての英語」（English as a Foreign Language [EFL]）、あるいは「一般的な目的のための英語」（English for General Purposes [EGP]）である。一般的な英語力をつけることが目的であり、学習にかけることができる時間が比較的長いことと英語学習の目的が定まっていないという特徴がある。したがって、大学生に英語を教える場合は、基礎的な英語力と英文ライティング力をつけさせることがその主な目的となる。大学生に教えるべき具体的な項目としては、英文を正確に分析的に読む力、ジャンルを意識して英文を書く力、英文を書くプロセス、引用のルールと引用の仕方、自分の言葉で書くことの大切さ等がある。大学生については、英語力や英文ライティング力をつ

対象	英文ライティングにおける指導項目	防止すべき盗用	防止すべき理由
大学院生	研究者としての責任感 研究分野の英語論文の読み方と書き方 自分の言葉による言い換え	「表現の盗用」 「パッチワーク文」	研究における知識の正確性や正当性を担保するため
大学生	研究社会における価値観や振舞い方 英文を分析的に読み、そこから学ぶ力 基礎的な英文ライティング力 引用のルールと引用の仕方 自分の言葉で書くことの大切さ	「ごまかし」 「出典無記載」	これらの行為が学習の不在か引用の学習の不十分さを示すため

表 4.1. 英文ライティングにおける指導内容の対象による違い

けるのを補助することで、盗用の主な原因の一つを取り除いてあげたい。

このように、盗用のとらえ方や扱い方は誰を対象としているかによって違ってくるので、大学教員は誰が対象なのかを考慮した指導をする必要があるし、英文ライティング力をつけさせることと盗用の指摘を受けない書き方を教えることのバランスをとる必要がある。

4.3　指導の背景となる考え方

■ ジャンル・アプローチの学習の考え方

日本人大学生や大学院生に、他人の文章から学びながら英語力をつけさせることと、盗用の指摘を受けないように他人の文章に頼りすぎないことの両方を同時に教えることはほぼ不可能だが、これらを学習段階の別の次元に位置づけることは可能である。その考え方の基となるのが、ジャンル・アプローチ (genre approach) の考え方 (e.g., Feez, 1998; Hyland, 2004; Paltridge, 2001) である。従来、自然なインプットさえ受ければ言語は習得されると考えられていたが、ジャンル・アプローチでは、教員の介入を重視し、学生に効率的に学習が起きるためには教員が適切に介入するべきだと考える。Feez (1998) によると、この考え方の基となっているのはVygotsky (1934/1978) の「最隣接発達領域」(the Zone of Proximal Development [ZPD]) と Bruner (1986) の「足場がけ」(scaffolding) という考え方である (p. 26)。「最隣接発達領域」とは、学生が一人でできるレベルと一人ではできないが補助してもらったらできるレベルの間の領域を指し、ここが学習が一番起こりやすい領域であると考えられている。「足場がけ」とは、教員や仲間による補助のことである。教員は学生の様子を見ながら、学習が進むにつれてこの補助を徐々になくしていき、最終的には学生が自立することを目指す (図 4.1 参照)。

これを、英文ライティングの指導に応用すると、例えば、何かの英文を書かせるさいに、最初のうちはどのように書くのかのモデルを示し (modeling)、学習者の書くプロセスを細かく分けてガイドし (guiding)、適切な時期に適切なフィードバック (feedback) を与えながら、徐々に英文ライ

4.3 指導の背景となる考え方

```
自分一人でできる              学習する必要がない。
  ↑      徐々に補助をはずす
         内在化              最隣接発達領域 (ZPD)
         他者を見る、補助をもらう、  学習が起こりやすい。
           一緒に作業をする
他者から補助してもらったらできる

他者から補助してもらってもできない      学習は起こらない。

                          Feez (1998, p. 27) に基づく。
```

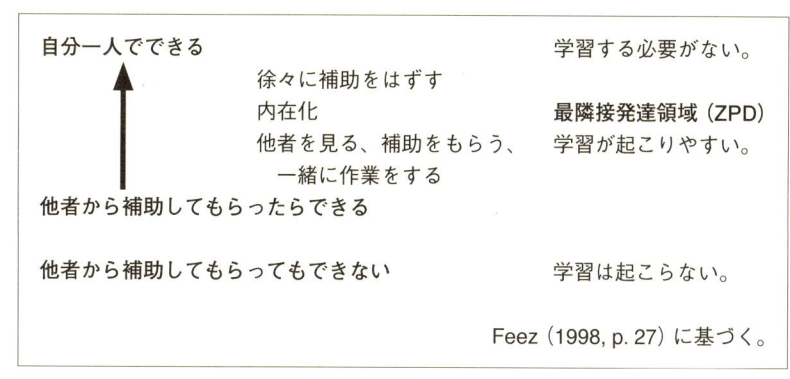

図 4.1. 足場かけの考え方

ティング力が身につくようにさせてあげるという指導になる。

■ 特定の社会における効果的な書き方をどう学ぶか

　ジャンル・アプローチではまた、人はさまざまな社会に属し、それぞれの社会において期待される振舞い方や文章の書き方は違うと考える。そして、特定の文脈で効果的なコミュニケーションを行うためには、その社会的な文脈を考慮し、文章を書く目的や読み手を意識する必要があると考える。研究社会もそのような社会の一つで、そこには独特の慣習があり独特の文章の書き方がある。そこで、研究社会で使われる文章から意識的にその文構造や表現を学び、自分でもそれらを使えるようにならなければならない。Feez (1998) は、その具体的な指導プロセスを次のように5つに分け、一連の作業として指導することを提案している (pp. 27–35)。

1. その言葉が使われる社会的文脈を紹介する。
2. そこでどのような文章が使われているのかのモデルを見せ、それを分析させる。
3. そこで書くべき文章を補助しながら書かせる。
4. 学生に一人で文章を書かせる。
5. その文脈で使われる他の文章と自分の書いた文章を比べさせる。

大学に入った学生は、大学という新しい社会で使われる英語表現の使い

方を学んで使えるようにならなければならない。そのためには、出会った英語表現を分析・研究し、自分の言葉のレパートリーとしていく必要がある。また、特定の社会において効果的に言葉を使うためには、その背景にある社会的文脈や目的を考慮することが不可欠である。上記の学習の流れに沿って書き方を指導することで、学生は特定の社会にふさわしい英文の書き方を効率的に学ぶことができる。そのうえ、この作業の流れを明示的に教えることで、学生が将来まったく新しいジャンルの英文を書く必要性が生じた場合、この作業の流れをガイドとして用いて、独力で英文の書き方を学ぶことができる。新しいジャンルの文章の書き方を効率的に教えることができるこの指導法は、大学院生のように研究論文という今まで書いたことのない文章の書き方を学び、すぐに使えるようになる必要性のある学習者に特に向いている。このように、学習をいくつかの段階に分け、ある段階では補助をしっかり与え、徐々に補助を減らしながら自立を促すことで、英文ライティング力をつけるために他者から学ぶことと、他者に依存しないで自分の言葉で文章を書くことを、一定の時間枠の中で教えることができるのではないだろうか。

4.4 日本の大学生には何を教えるべきなのか

日本人大学生に教えるべき事柄として、研究社会という新しい社会における価値観や振舞い方、基礎的な英語力や英文ライティング力、引用のルールとスキル、自分の言葉で書くことの重要性などがある。次に、それぞれについて詳しく説明する。

4.4.1 研究社会での価値観や振舞い方を教える

盗用問題は、研究社会という新しい社会への移行の段階で、研究社会の価値観や期待を理解していないときに起こる（3.1, 3.3 参照）。そこで、まず、研究社会とはどういう社会で、どのように振舞うことが期待されているのかを教えるべきである。日本では、多くの人が大学に進学することもあって、大学に行くことの意味をあまり深く考えていない学生が多い。大

学に入ることが研究社会に足を踏み入れることだという認識をもっている学生がどのくらいいるだろうか。最近は、大学の入門科目として日本語で「調べて書くレポート」の書き方を教えるところも出てきた。このような機会を使って、大学では、これまでとはまったく違った姿勢で文章を扱わなければならないことを教えておくと、英文ライティングにおける引用や盗用の問題も教えやすくなる。具体的には、大学では、他人の貢献と自分の貢献を区別すること、自分の文章の中で他人の文献からの情報や他人の意見を使用する場合は引用のルールに則ること、研究社会においては盗用は不正行為とみなされること等を教えるべきである。

■ 盗用かどうかを決めるのは教員側

　英語圏の大学においては、「知識は著者の前提や動機、文脈を積極的に分析しながら会話や議論をすることによって発達する」(Penrose & Geisler, 1994, p. 517) と考えられている。そのため、研究者はその議論に加わらなければいけない。大学学部生に課される授業のレポートであっても、研究の議論に加わる前提として少なくともそこには自分の理解や自分の主張がなければならない。引用のルールを教えて指導するだけでなく、適切な引用をすることの意義や重要性についても教えるべきだと思う (3.2 参照)。盗用については、引用の指導の一環として行い、英語圏ではどういうやり方が認められ、どういうやり方が認められないのかを明確に示すことも必要だ。そのさいに、学生に伝えるべき最も重要な事柄は、盗用かどうかを決めるのは大学教員や大学組織側であるということだ。それは、盗用が研究社会という共同体に対する違反であり、研究社会の一員としてすでに認められている大学教員が判断すべき事項だからである。決定権をもつ人のことを stakeholder と言う。決定権は、学生側にはないのである。たとえ盗用の定義や規定に現状に合わない点があっても、学生のほうで自分勝手に解釈して行動することは、たいへん危険なことだ。

■ 自分の位置を把握させる

　他人の文章を借用したりパッチワーク文を書くことについては、学習の

補助として活用してよいときがある。その判断において考慮すべきは、学習者の発達段階上の位置と文章作成プロセス上の位置である。

　学習の初期には、他人の文章を模倣したりパッチワーク文を書くことは、文章の書き方を学び書き手として自立するための基礎となる (e.g., Howard, 1995; Hull & Rose, 1989)。しかし、それは学習の補助としてのあくまで一時的な措置であり、学習者が成長すれば認められなくなることを教える必要がある。学習者には、学習の目的を示し、自分は自立した書き手となるための発達段階のどの位置にいるのかを把握させることが大切だ。

　また、文章作成のプロセスにおける自分の位置を把握させることも大切である。Howard (1995) は、パッチワーク文について、テキストの読解を補助する手段としては積極的な活用を勧めているが、最終原稿にパッチワーク文が残っていてはいけないと述べている (p. 799)。文章作成途中の段階と最終原稿の段階での他人の文章の使用は異なるものであることを教えることもまた、必要である。最終原稿にパッチワーク文が残らないようにするためには、文章を読んだり問題を考える段階で、しっかり理解する努力をし、途中原稿の段階で、その理解を自分の言葉で表現するための努力を行わなければならない。

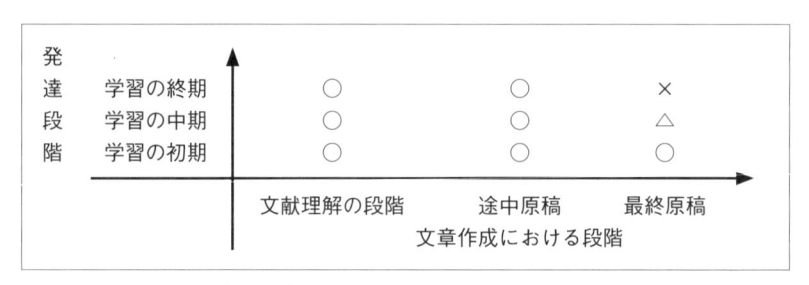

発達段階	文献理解の段階	途中原稿	最終原稿
学習の終期	○	○	×
学習の中期	○	○	△
学習の初期	○	○	○

文章作成における段階

図 4.2.　表現の盗用やパッチワーク文使用が許される段階

4.4.2　基礎的な英語力や英文ライティング力をつけさせる

■ 分析的に読み、表現を採掘して覚えるように指導する

　盗用がなぜ起こるかの大きな原因の一つは、学生の読み書き能力が不足していることである。特に日本人大学生が英語で文章を書く場合は、英語

力が不足している場合が多い。そこで、まず文レベルで自分の言いたいことを英語で表現できる力をつけさせるために、英文を読み、そこからさまざまな英語表現や文法項目、文型などを学ばせるようにしたい。読む力は、自動的に書く力に転移するわけではないので、読み方を工夫させる必要がある。

　では、どのような読み方をさせたらいいのだろうか。Marton, Dall'Alba, and Kun (1996) の研究で示されているように (本書 17 ページ参照)、文章を写すという行為には理解を伴うものと伴わないものがある。私がこれまで英文ライティングを教えた経験に基づいて考えると、学生が意味をよく理解せずに機械的に文章を写した場合は、読んだ文章の「分析」がなされていない。分析をせず、よく消化しないまま、ただ機械的に文献の英文を写しているので、原文の文脈でしか通用しないような指示代名詞や固有名詞が出てくるし、表現がそこだけ抽象的だったり、他より難しい語彙を使っていたりと、何となく違和感がある。他の人の文章から学びそれを自分の言葉にするためには、ただその文章を模倣したり繰り返すのではなく、一つひとつの単語がどのように組み合わさってその文脈における意味を形成しているのかを分析させる必要がある。

　このように細部に注意を向け、分析的に読んで学んだ表現は、一般的な表現であれば自分の意図を表現するための文章の部品として使うことができる。これを Greene (1993) は、地面から貴重な鉱石を発掘することに喩えて「採掘」(mining) と呼んでいる。分析的に読み、そこで採掘した表現のレパートリーを増やすことが、他人の文章から学びながら徐々に自分の言葉で書く力をつけさせるための重要な訓練となる。また、他人の文章を文法・文型の知識を使って分析する力をつければ、自分で英文を書いた後にその文が文法的に正しいのかどうかを確認する力に応用することができる。日本の英語教育で伝統的に行われてきた英文解釈練習は、このような読み方を学ぶための絶好の練習であり、アカデミック・テキストのような高度な英文を読む力をつけさせ、それを書く力に転移させるためのカギを握っているのかもしれない。

　読むことからは、分析力だけでなく適切な語彙選択をする力を身につけ

ることもできる。Ferris（2002）によると、英語の間違いには、「直せる間違い」（a treatable error）と「直せない間違い」（an untreatable error）がある（p. 23）。例えば、文法の間違いは参考書などを見て文法規則に照らして確認すれば自分で直せるが、文脈の中で適切な語彙が使われているかどうかという語彙選択については、規則性が小さく自分では直せない間違いだと言われる。語彙選択が適切かどうかは、学習者がそれまでに英文を聞いたり読んだりした経験を通して蓄えてきた知識に頼って判断するしか方法がない。

このように、文レベルで適切な英文が書けるようになるためには、英文を分析し、そこから表現を学ぶという地道な作業を日々積み重ねる必要がある。個々の単語の意味や特定の文脈における使い方の確認をせずに、文や表現を丸ごと暗記しようとするような学習方法は、盗用を疑われる書き方につながるので避けるべきだ。

■ 辞書、参考書、インターネット等を上手に使わせる

英語力をつけさせるには、辞書や参考書、インターネットなどを使って表現を学んだり確認したりする方法を教えることも大切だ。私たちは英語のネイティブ・スピーカーではないので、文法的に正しいかどうかや、どの単語がどの単語といっしょに使われるのかについては、辞書や参考書を使って確認したほうがよい。学生の中には、英文を書くときに自分の言いたい日本語の意味の英語表現を和英辞典で拾ってそのまま自分の英文に使用する学生がいるが、そのようにして書いた英文は不自然で不適切なことが多い。和英辞典で探した表現は、もう一度英和辞典や英英辞典の用例や説明を見て、その使い方を確認するように促したほうがよい。辞書を引くときは、単語の派生的な意味だけでなく基本的な意味やイメージを確認することもその単語を自分のものとして使いこなす基礎となる。

英文を書くときは、和英辞典よりも、単語と単語の相性（コロケーション）を調べることができる辞典、たとえば、「英和活用辞典」（Dictionary of English Collocations）（e.g., 市川他、1995年）のほうが有効な場合もある。例えば「警備が厳しい」の「厳しい」は英語でどう言うのかを和英辞

> 問.「警備が厳しい」と日本語で言うが、この場合の「厳しい」は英語で何と言うのだろうか？
> 1. 英和活用辞典で警備（security）をひくと、次のような画面がでる。
>   (1) 安全、安心、安定、保障　【動詞＋】【形容詞・名詞＋】【前置詞＋】【＋前置詞】
>   (2) 警備、防衛（手段）　【動詞＋】【形容詞・名詞＋】【前置詞＋】
>   (3) 保証、担保、証明、有価証券　【動詞＋】【形容詞・名詞＋】【前置詞＋】【＋前置詞】
> 2. security はここでは「警備」の意味なので (2) に行く。「厳しい」は形容詞なので【形容詞・名詞＋】を見てみる。
>   - Did it strike that security was unusually heavy?
>   - Heightened security for the Pope's visit caused traffic jams.
>   - Security at the company is lax (loose).
>   - The negotiations were carried on amid strict security.
>   - Tight security is in force.
> 3. これらの例文から考えると、heavy security, heightened security, strict security, tight security と言えそうだということがわかる。
>
> 市川他（1995）に基づく。

資料 4.1.　英和活用辞典の使い方

典で調べてもなかなか出てこない。そもそも、日本語では「警備が厳しい」と言うが、英語でも「警備」が「厳しい」と言うのかどうかもわからない。この場合は、「警備」、つまり security を英和活用辞典で探し、どんな形容詞といっしょに使われるのかを調べたほうがよい（資料 4.1 参照）。

　インターネットの上手な活用法を教えることも大切だと思う。以前、ある人に「湯沸室」は英語でどういうのか聞かれたことがあるが、このような表現は辞書に載っていない。では、どうすればいいのか。グーグルなどの検索サイトで「office floor plan」と入力し、会社の見取り図を探してそこで使われている表現を調べてみると、日本の湯沸室にあたる場所に書いてある英語が見つかる。また、日本語の診断書を英訳してほしいと頼まれたときは、「診断書　英語」と入力して、そこで見つけた英語の診断書を複数プリントアウトして、どのような表現が一般的に使われているのかを調べた。そして、そこから英語の診断書の形式、書くべき項目、多くの診断書で使われている表現を学んで、診断書の英訳をした。

このように、特定の社会や文脈で使われる表現は、その社会や文脈で使われる英文を見て、そこから学び、見つけた表現を組み合わせて使っていくしかない。辞書や参考書、インターネットを上手に活用する方法を教えることも英語表現を学ぶ上では大切だと思う。ただし、一つの資料に頼らず、さまざまな資料から学ぶようにさせることが大切だ。

■ 文構成をガイドに

　文レベルで適切な英文が書けるようになったら、次はまとまった分量の英文が書けるように練習させる。まとまった量と言っても、4.3 で触れたジャンル・アプローチの考え方 (e.g., Feez, 1998; Hyland, 2004; Paltridge, 2001) によると、文章というものは社会の中で目的をもって使われ、その目的を達成するのに適切な文構造や表現が使われる。したがって、特定の社会における適切な書き方を学ばないで、やみくもに書く練習をしても、「適切に」書けるようにはならない。このさいに有効であると思われるのが、そのジャンルに特有の文構造を手がかりに読むことである。

　ジャンル・アプローチでは、文章をさまざまなジャンルに分け、それぞれのジャンルの文章は、ある程度決まった文構造をとると考える（資料 4.2 参照）。[1] また、文章中の各部分の役割も、ある程度決まっている。文構造と文章中の各部分の役割を知っていれば、文章を効率的に読んだり書いたりすることができる。例えば、説明文の多くは、序論、本論、結論という構造をもっている。そして、それぞれの部分には、それぞれの目的と役割がある（資料 4.3 参照）。それぞれの部分の目的と役割を知っていれば、文章を効率的に読むことができる。読み方を工夫しながら、読んだ文章から英文表現や文構造を学び、それを英文を書くときに応用することで、社会

---

　1) オーストラリアの New South Wales 州の小学校ではジャンル・アプローチに基づいた English K-6 syllabus (Board of Studies NSW, 2007) と English K-6 modules (Board of Studies NSW, 1998) を使って、社会的な目的に沿ったさまざまな文章のタイプを教えている。インターネット上で見ることができるので、ぜひ一読していただきたい。資料 4.2 は、その考え方の概略を説明するために私が作成したものである。

テキスト	社会的な目的	文構造	主な表現の特徴
物語文	楽しませる 教訓を与える	設定、登場人物紹介、出来事、結末	起きた順に過去形で書かれる。使われる語彙は、登場人物、出来事、場面に関する表現。
説明文	関係を説明する	情報間の関係による 例：原因と結果 比較と対照	情報の論理関係を示す表現が使われる。 原因や結果を表す表現 相似点や相違点を表す表現
意見文	自分の意見を述べる	意見の主張 議論 主張の繰返し	主張が強調され、繰り返される。 考えを表す動詞、評価を示す動詞、つなぎ言葉（firstly, secondly…）等の使用。

English K-6 modules (Board of Studies NSW, 1998) に基づく。

資料4.2. ジャンルによる目的、文構造、表現の特徴の違い

　説明文の全体構成は、序論（Introduction）、本論（Body）、結論（Conclusion）から成り立ち、次のようにそれぞれが特定の役割を果たしている。
　序論は、その文章の全体像を示す役割をする。序論には、その文章全体で何を言おうとしているのか（主題文）、語句の定義や背景的な説明、本論はどのように展開されるのか（本論の構成）等を簡潔に書く。
　本論が、その文章の実質的な内容の記述である。本論には、説明する内容を整理して、論理的に、またできるだけ詳しく書く。本論は、書く内容によっていくつかの部分に分ける。内容を整理し、「1つのパラグラフには1つのアイディアを書く」（one paragraph one idea）という原則を守ろう。それぞれのパラグラフは、通常1つのトピック・センテンス（topic sentence）と複数の支持文（supporting sentences）で構成される。
　結論は、本論で説明した内容をまとめる役割をする。結論では、本論を簡潔にまとめ、そのまとめに基づいた考察を書く。ここで本論では扱っていない新情報を持ち出すべきではない。

資料4.3. 説明文の各部の役割

的な目的や読み手の期待に沿った適切な英文が書けるようになると思う。

■ 書くプロセスを教える

英文ライティングを教える場合には、書くプロセスを教えることも大切である。日本では、書くプロセスを指導するということがあまりなく、そのため書き方がわからなくて途方に暮れている学生がいる。書くという作業は、いろいろな知識やスキルを統合しなければいけないとても難しい作業なので、いきなり「文章をしあげる」という大きな課題を出すのではなく、その課題を「何を書こうかアイディアを出してみる」、「考えを整理してアウトラインを書く」、「アウトラインに従って文章化する」、「書いた文章を推敲する」、「文章を校正してしあげる」などの小さな課題に分けて、これら一つひとつの課題を積み上げることで「文章をしあげる」という大きな目標に到達できるようにしてあげたい。文章を書くという作業には思考をともなう。日本語と違って、英語で書く場合は文章化の作業が自動化されていないため、考える作業とそれを英文にするという作業を分けたほうが楽に書ける。文章化のさいも、一度に完璧な英文を書くことを目標とせず、「アイディアを英文にする」、「内容や構成が適切かどうか見直す」、「英語表現が適切か文法上の間違いがないか見直す」というように作業を分けると楽に書ける。

■ 私の英文ライティングの授業

資料 4.4 は、私が学生たちに英文ライティングの中の説明文（独立文）[2]を教えるときの授業の流れを示している。一つの課題をしあげるのに、4時間ぐらいかけさせ、この同じサイクルを数回繰り返すことで、学生に書き方のプロセスを体験させている。

まず、書かせたいジャンルのモデルとなる英文を見せて、その文構造や表現を分析させた後、課題を与え、書く内容についてのアウトラインを書

---

[2] 独立文（independent writing）とは、他人の文章を引用せずに書いた文章で、統合文（integrated writing）とは、他人の文章を引用しながら書いた文章のことである。

```
授業中の作業          学生の宿題          教員の仕事
1時間目
(1) モデル文から文構造や表現を学ばせる
(2) 課題提示→学生は自分の書く文のアウトラインを作成
              →第一原稿を書く

2時間目
(3) 主に内容と文構成について学生同士が相互評価
              →第二原稿を書く       →各学生へのフィードバック
                                    「間違いリスト」作成

3時間目
(4) 「間違いリスト」を拡大スクリーンで見せながら、1文ずつどう直せばいい
    のかやなぜそのように直すべきなのかを教員が説明しながら、英文の直し方
    をデモンストレーションする

4時間目
(5) 学生それぞれが英文の最終校正を行う
              →最終原稿を書く

5時間目
(6) 最終原稿を含めたポトフォリオの提出     →提出物の評価
*ポトフォリオ評価：課題作成に使ったすべての資料の提出（outline, 1st draft,
 peer evaluation sheet, 2nd draft, 間違いリスト, final draft）。
次の課題に取り組む。
```

資料4.4. 独立文を教えるための授業の一例

かせる。アウトラインは、まず大まかな骨組みを書かせ、そこにどのようなデータを使うのかの詳細な計画を加えさせると、考える作業がこの時点でほとんど終わるので、英文を書くときはアイディアを英文に訳すことに専念することができる。そして、そのアウトラインに基づいて第一原稿（1st draft）を書くという宿題を出す。

次の授業では、書いてきた第一原稿を学生同士で読んでアドバイスさせる。第一原稿の段階では学生はまだ考えを十分に発展させたり整理したりできていない場合が多い。そこで、学生同士でお互いによりよい英文にするためのアイディアを出させる。つまり、「相互評価」（peer evaluation ま

Essay Writing III Peer Evaluation Sheet (Independent Writing)

Your partner's essay title _____
Your partner's name _____
Evaluators
Your name _____   Your student number _____
Your name _____   Your student number _____

1st reading (Read the text to learn about your partner's ideas.)
1. What are the main ideas discussed in the paper?

2nd reading (Read the text to give your suggestions.)
2. Is the essay well organized? If not, how could it be improved?
  (1) Is there a thesis statement (主題文) in the introduction?
  (2) Find the main idea (論点) and the supporting details (データ、理由、説明) in each paragraph.
  (3) How has the author organized his or her ideas? Are the paragraphs organized in an appropriate way? If not, how could the organization be improved?
  (4) What is the conclusion? Are the main points in the body summarized here?
3. Is the topic developed sufficiently using explanations, examples, and details? If not, what should be added?
4. Tell your partner which parts made it difficult for you to understand the content.
5. What would you like to suggest so that your partner can improve the draft?

3rd reading (Read the text to check for English errors.)
6. Tell your partner if you find any grammatical errors, spelling errors, or inappropriate word choices.

資料4.5. 独立文の相互評価表の一例

たはpeer response）（Liu & Hansen, 2002）を行わせるのだ。的確なポイントについてアドバイスをさせるために、評価ポイントは教員があらかじめハンドアウトとして用意しておき（資料4.5参照）、そこに書きこませる。学生に適切なアドバイスが可能か疑問に思われるかもしれないが、まず読み手としての素直な感想を書き手に聞かせることができるし、書いてある内容をふくらませる具体例を考えるということに関しては、教員より学生のほうがうまい場合もある。

　この授業の後、クラスメイトからもらったアドバイスをもとに、より内

容を深めた第二原稿（2nd draft）を書かせる。教員のほうは、第一原稿を集めて一人ひとりにフィードバックを書く。読み手としての感想に加えて、内容、文構成、英語表現、間違いなどさまざまな視点から改善のためのアドバイスを書く。学生の原稿には、間違いの部分に下線を引き、間違いの種類を示した記号だけを書く。つまり、間違いを直してあげるのではなく学生が直すためのヒントを与える。間違いの種類を示した記号については、最初にどんな間違いをどの記号で表すかのルールを決めておき、間違いの部分の下線の下に記号を書き、フィードバックの中に、その記号の意味を書いている。一人ひとりの原稿を読み、そのそれぞれにフィードバックを書くのは時間がかかるが、ここで丁寧に読んでおくと、この後はフィードバックを与えた部分を学生がどのように修正したかだけに注意すればよくなるし、学生もこの時点のアドバイスはよく読み考えるようである。学生は、原稿が完成した後のアドバイスをほとんど見ないので、原稿作成途中のアドバイスが最も効果的であるように思う。学生一人ひとりにフィードバックを書くさいに、間違いを含んだ文を一つずつ採取していき、学生全員の間違い文を集めた「間違いリスト」も作成する。

　次の授業では、その「間違いリスト」を使って、間違いの訂正の仕方を明示的に教えている。英語の間違いは、思わぬ誤解を生じさせるし書き手の印象を悪くするので、できるだけ英語の間違いの少ない文を書くように促す。「間違いリスト」をスクリーンに映しながら、なぜ訂正の必要がありどう訂正すればいいのかをできるだけ言葉で詳しく説明して、訂正の過程をデモンストレーションしている。このように、教員がどのような思考をたどって言いたいことを英語表現に直すのかや、なぜそこで使われている英語の形が適切でないのかを具体例を使って丁寧に説明することで学生にその複雑な思考自体を学んでもらうことができる（cognitive modeling）(Cumming, 1995, p. 383)。訂正するのは英語の間違いが主だが、言いたいことが効果的に伝わっていない部分や、言いたいことが抽象的すぎて読者がその意味をイメージできない部分、文章の機能を果たしていない部分など、コミュニケーションがうまくいっているかどうかという視点からも問題のある個所について訂正の仕方を教えている。

この一連の作業を通して、文章を完成させるには時間がかかるし、さまざまな要素に注意を払わなければならないことを学生に学ばせている。かつて、英文ライティングを教えるさいに学生の伝えたい内容（content）を重視して教えるべきか、文法的正確さ（accuracy）を重視して教えるべきかという議論があったが、自分の言いたいことをできるだけ効果的に伝えるためにはその両方が大切だ。しかし、自分が言おうとしていることの概要とそれを具体的で正確な英文で表すことの両方に一度に注意を向けることは難しい。英文を書くプロセスを分けることで、その時々に必要な要素に注意を向けさせることができるし、少しずつ小さな課題を解決することが最終的には一つの大きな課題を解決することにつながることを実感させることもできる。学生に英文を書くプロセスの全過程に責任をもたせることで、学生は自信をつけるようである。学生全員分の原稿を読みフィードバックを与えるためには、教員は週末をつぶさなければならないかもしれないが、それも1学期に3回程度なら何とかこなせるのではないか。

　最後に、課題の評価だが、私は、ポトフォリオ評価[3]を使っている。学生には、課題を提出させるときに最終原稿だけでなく途中原稿を含めたすべての関連文書（アウトライン、第一原稿、相互評価表、第二原稿、間違いリスト、最終原稿など）をファイルに入れて提出させる。途中原稿を提出させることで、教員は学生の最終原稿作成までのプロセスを知ることができるし、学生も文書を整理する中で自分の原稿作成のプロセスを確認できる。このように最終原稿作成までの途中原稿を提出させることで、学生は他人の書いた文章をただ写して提出することができなくなり、盗用（cheating）防止にもなる。ポトフォリオ評価のためには、評価表をあらかじめ作成しておき、それを使って評価すると客観性を失うことが少なくな

---

[3]　ポトフォリオ（portfolio）とは、書類入れのことである。ポトフォリオ評価とは、書類入れに入れた提出物全体を評価することで、ポトフォリオに入れる中身は先生が指定してもいいし、学生に選ばせてもよい。完成原稿とともに作成途中の原稿や関連資料を入れさせて提出させることもできるし、たくさん出したライティング課題の中の代表作数点を学生に選ばせてポトフォリオに入れて提出させるという使い方もある。

```
Essay Writing III Evaluation Sheet (Independent Writing)
Topic: _____
No. _____ Name _____        Total score _____ /30
                                  Poor    Fair  Excellent  Comment
Content                            1   2   3   4   5
  よくわかって書いているか。内容が豊かか。
Organization                       1   2   3   4   5
  全体の組立てが理路整然としているか。
Development                        1   2   3   4   5
  詳しく説明されているか。
Language range and complexity      1   2   3   4   5
  さまざまな文型や表現を使っているか。
Language errors                    1   2   3   4   5
  英語の間違いがないか。
Writing process                    1   2   3   4   5
  丁寧に英文ライティングのプロセスを踏んでいるか。
```

資料 4.6. 独立文の評価表の一例

る。私の場合、分析的評価[4]を使い、評価表では私がよい英文を構成する要素と考える項目を6つ挙げて、それぞれの項目について達成度を1〜5段階で評価し、その合計点を課題の評価点としている（資料4.6参照）。

　このように、英文ライティング力をつける初期の段階では、学生はまず読んだものから文構成や表現を学ぶ必要があるし、書くプロセスも体験しながら学ぶ必要がある。この段階では、教員は学生が課題にきちんと向き合っているかに注意を向け、「表現の盗用」(Pennycook, 1996, p. 223) や「パッチワーク文」(Howard, 1995, p. 799) については学習方法の一つと考

---

4)　文章の評価には、全体的評価（holistic evaluation）と分析的評価（analytic evaluation）がある。全体的評価とは、評価者が文章を読み、その全体的な印象で文章力を評価するもので、TOEFL®iBT（ETS, 2007）などにはこの評価法が用いられている。一方、分析的評価とは、あらかじめ文章を評価するための評価項目（内容、文構成、英語表現等）を分けておき、それぞれに点数をつけて、その合計点を文章の評価とするもので、ESL Composition Profile（Jacobs, Zingraf, Wormuth, Hartfiel, & Hughey, 1981）などにはこの評価法が用いられている。

えたほうがよいと思う。英文ライティングを学ぶ初期の段階では、学生には盗用の指摘を心配せずに安心して学べる環境を与えてあげたい。

4.4.3 引用の仕方を教える

■ 引用の仕方だけでなく意味も教える

基本的な英文ライティング力がある程度身につき、自分の考えがきちんと書けるようになったら、次にさまざまな文献を織り込んだ引用文（統合文）の書き方を教える。引用文を書く場合、直接引用や間接引用の仕方を教え、引用のルールと引用の仕方を教える（資料1.1, 付録B〜D参照）だけに留まらず、その社会的な意味も教えるべきである（3.2, 資料4.7参照）。盗用は、引用の決まりに違反することであるので、盗用の考え方は、引用の決まりを教えるときにいっしょに教えるのがいいと思う。適切な引用文を書くことができることが研究社会への移行において重要な意味をもつことや、引用文を書くことで研究をする上で必要とされる複雑な思考の仕方を身につけることができることを教え、盗用が研究社会での個人の立場や研究社会全体に与えるダメージや、個人の学習に与えるダメージについて話し合うとよい。

引用文（統合文）を書く

1. **引用する場合のルール**
   *APA*では、(1) 文中では、直接引用、言い換え、要約のうち適切な引用方法を使い、(2) 文献の筆者の last name, その文献の出版年、ページ番号を書き、(3) 参考文献表に詳しい文献情報を書く。

2. **なぜ他人の文章や意見を引用するのか。**
   - 研究分野の一員であることを示すため。
     研究の目的は、研究分野の全員が協力してより真実に近づくこと。他の人の文章や意見を幅広く収集し、よく理解し、整理して、その中で自分の意見や主張を論じなければいけない。
   - 客観性を高めるため。
     自分の主張が単なる一個人の意見や感想でなく、さまざまな意見を考慮した上で考え出されたものであることを示さなければならない。

- 自分の意見と他人の意見を区別するため。
  他人の意見を明確に示すことで、自分独自の意見がどこかを強調することができる。文献研究において文献に書かれた意見や情報は一つのデータとして取り扱われるので、どこがデータでどこが自分の意見かを示すことができる。

3. 具体的にどのような目的で引用するのか。
- 自分の意見と同じ意見を引用することで、自分の意見を強めるため。
- 自分の意見と違う意見を引用することで、さまざまな意見に耳を傾けたことを示すため。また、それについて反論することによって、自分の意見がより正しいことを示すため。
- 自分の主張を支持する具体例やデータとして使うという目的のため。
- 権威者の言葉やその研究分野の重要な意見を引用することで、研究分野全体に対する自分の理解を示すとともに、自分の文章に対する読み手の信頼性を増すという目的のため。

4. なぜ出典を明示するのか。
- 出典を明示することで、書き手はその文章や意見を書いた人に対する敬意を示すことができる。
- 出典がわかれば、読み手は引用部分についての信憑性について確かめることができる。
- 読み手は、言い換えや要約における書き手の解釈が間違っていないかを確認することもできる。
- 出典がわかれば、読み手は文献を自分で手に入れて読むことができる。

5. 引用するときに役に立つ表現
- Some people (e.g., Kadota, 2012; Kobayashi, 2008; Yoshida, 2009) say that . . . .
- Sawada (2011) wrote . . . . I agree with her.
- Though Takashima (2009) argues . . . ., his reason is not convincing.
- As Tanaka (2011) explains . . .
- I agree with Yamada (2010) in that . . . .
- According to Ogawa (2012), ...
- Those who are for the opinion (e.g., Ogawa, 2008; Tanaka, 2000; Yamada, 2012) gave the following reasons: . . . .
- Though Minato (2010) and Nakashima (2012) argue . . . ., . . .
- According to a web page called "How English is taught in Japan?" (Tanaka, n.d.), . . .
- A web page by Kinoshita (2011) shows that . . . .

> - 役に立つ動詞 say, write, point out, explain, discuss, argue, contend, claim, maintain, show, suggest, summarize, describe
>
> **6. 参考文献の書き方**
> Suzuki, I.（2012）. Should all elementary schools introduce English into their curriculum? *Journal of Yoshimura's Essay Writing, 4*, A23.

資料 4.7.　引用の考え方を説明するためのハンドアウトの一例

　引用文においては、自分の主張は何か、その主張を支持するために他人の文章をどのように使えばいいのかを学生に考えさせることが大切である。また、引用文を書くためにはその前の準備を丁寧に行う必要がある。資料 4.8 は、適切な引用文を書く前に確認すべき事柄をチェックリストの形でまとめたものである。正確で正当な引用をするために、関連文献を幅広く、

引用文を書く前に、次の点を確認しよう。

	確 認 事 項	✓欄
1	課題をよく分析し、書く目的をしっかり把握している。	
2	書く目的に沿って適切でおもしろいトピックを選んだ。	
3	レポートのアウトラインはできている。	
4	関連文献は、できるだけ偏りなく、しかもできるだけ多く収集し、読み、理解した。	
5	文献の中の情報や主張の妥当性について考慮した。	
6	文献自体の信頼性について考慮した。	
7	引用計画はできている。	
8	引用する可能性のある情報については、文献情報ノートと内容ノートを作成している。	
9	文献情報ノートには、正確に詳しい文献情報を書いている。	
10	内容ノートには、著者の表現をそのまま写した部分、著者の考えを自分の言葉でまとめた部分、自分の考えを書いた部分を区別して記載し、文献名とページ番号を書いている。	
11	自分の主張が明確である。	

資料 4.8.　引用文を書く前の確認リスト

しかも偏りなく収集し、その内容についてもよく理解しなければならない。また、内容を理解するだけでなく、その妥当性や信頼性についても考慮する必要がある。正確に引用するためには丁寧に文献ノート（付録 A 参照）をとっておく必要もある。そして、引用文のアウトラインと引用をどのよ

引用文を書いた後で、次の点を確認しよう。

	確 認 事 項	✓欄
1	文章全体の中で、自分の主張が明確である。	
2	文章は、アウトラインや引用計画に従っている。（従っていない場合は、文章かアウトラインのどちらかを書き直すこと。）	
3	他の人の文献から得た情報については、出典を書いている。（APA に基づけば、文中に著者のラストネーム、出版年、ページ番号を書いている。）	
4	他の人の文献から得た情報を要約している部分では、自分の言葉を使っている。	
5	他の人の文献から得た情報を言い換えている部分では、自分の言葉を使っている。	
6	要約したり言い換えたりした部分は、正確で効果的に原文の内容を伝えている。	
7	直接引用した部分には引用符を使い、原文通りに文章を写している。	
8	二次情報源からとった一次情報については、二次情報源から情報を得たことがわかるように書いている。	
9	文末に参考文献表をつけている。	
10	参考文献表は、適切な配列になっている。（APA に基づけば、著者のラストネームの abc 順になっている。）	
11	文中で引用した文献と文末の参考文献表の文献は、合致している。	
12	参考文献表の書き方は、マニュアルが指定する書き方に従っている。	
13	書いた後、読み手の視点で読み直し、他人の貢献が自分の貢献であるかのような誤解を生じる書き方をしていないか確認した。	
14	英語の間違い（スペル間違い、文法間違い等）がないか確認した。	
15	課題の目的や書き方の指示に従っているかどうか確認した。	

資料 4.9. 引用文を書いた後の確認リスト

うに使うかの計画も立てておいたほうが書く作業が楽になる。これら一つひとつを手を抜かずに行わせたい。また、引用文を書いた後も、引用のルールに則って適切に引用をしているかどうか丁寧に確認させたい。資料4.9は、そのための確認リストである。

■ クラスの中に社会をつくる

　日本で引用文を書かせる場合、適当な英文を入手することが難しく、また日本人学生は英語のネイティブに比べて読める量が少ないため、指導にあたっては工夫が必要である。私は、まず個々の学生たちに1つのトピックについて独立文として意見文を書かせ、完成原稿を集めてコピーし、それを学生に配って、クラスメイトの意見を使って引用文を書かせている（資料4.10参照）。学生には、他の学生の意見を読ませて、それらの意見と自分の意見の関係を考えさせ、自分の文章の中にどのように他の学生の意見を使うのかの計画を立てさせる。そして、その計画を文章化させたら、学生同士の相互評価で、引用が引用のルールに沿って効果的に適切になされているかのチェックをさせる（相互評価表は資料4.11参照）。この後、やはり何度か原稿を書き直させながら、よりよい英文にしあげさせていく。最終原稿は、作成途中の原稿や関連資料といっしょにポトフォリオの中に

1. 学生それぞれに独立文として意見文を書かせる。（作業プロセスは資料4.4参照）
2. 独立文として提出された意見文にページをつけて、学生数×10枚程度コピーする。
3. 引用文のルールや書き方を教える。（資料4.7参照）
4. 学生に一人10枚程度クラスメイトの意見文を渡して読ませ、それらを自分の主張を支持するために使う方法を考えさせる。
5. 引用文のアウトライン（引用計画）を作成させる。
6. アウトラインに沿って引用文を書かせる。
7. 書いた引用文についての相互評価や教員からのフィードバック。（相互評価表は、資料4.11参照）
8. 原稿の推敲と校正をさせる。

資料4.10. クラスメイトの意見を引用しながら書く引用文の指導プロセス

Essay Writing IV Peer Evaluation Sheet (Integrated Writing)

Your partner's essay title _____

Your partner's name _____

Your name _____ Your student number _____

Your name _____ Your student number _____

1st time

1. Check the following points by referring to the outline and the draft.

    (a) How does your partner use other students' opinions?
    (e.g., to support his/her position, to refute his/her opinions, to give examples)

    (b) Does your partner cite other students' opinions appropriately?
    Does s/he give the author's name, the publication year, and the page number?
    Does s/he cite the opinion directly or indirectly? Does s/he follow the citation rules?
    (quotation marks?, If indirect, is it summarized or paraphrased, is it sufficiently different from the original?)

    (c) Does your partner's paper include references?
    Do the references follow the rules?

2nd time

   (d) Is the draft well-organized? Does your partner synthesize a range of opinions?

   (e) What would you like to suggest so that your partner can improve the draft?

   (f) Tell your partner which parts made it difficult for you to understand the content.

3rd time

   (g) Tell your partner if you find any grammatical errors, spelling errors, or inappropriate word choices.

資料 4.11. 引用文の相互評価表の一例

入れて提出させ、評価を行う（評価表は資料 4.12 参照）。

　このように、クラスを 1 つの社会（a writing community）とみなし、顔の見えるクラスメイトの文章を使うことで、文章を書くことは紙面で他人と議論することにほかならないことや、文章の背後にはそれを書いた人が

```
Essay Writing IV Evaluation Sheet (Integrated Writing)
Topic: _____
No. _____   Name _____

                              Poor       Fair   Excellent   Comment
Organization                   1   2   3   4   5
  全体の組立てが理路整然としているか。
Development                    1   2   3   4   5
  詳しく説明できているか。
Synthesis                      1   2   3   4   5
  他の人の意見を自分の主張のために上手に使えているか。
In-text citation               1   2   3   4   5
  引用のルールに従って引用しているか。
References                     1   2   3   4   5
  参考文献表の書き方は、APAに従って正しく書けているか。
Writing process                1   2   3   4   5
  丁寧に英文ライティングのプロセスを踏んでいるか。
```

資料4.12. 引用文の評価表の一例

いるのだから、その人に失礼にならないような文章の使い方が必要であることを教える。クラスメイトの文章は、学生にとって読みやすく、学生の書いている文章の目的とも合っているので、文献を理解するための認知的な負担も減らすことができる。また、学生の引用している文章は教員も一度読んでいるので、どのように他人の文章を使っているのかの把握もしやすい。相互評価の中で引用文を他の学生に読んでもらう機会を作ることで、他人の文章を適切に使用しなければいけないという意識が高まることも期待できる。

■ 研究レポートを書かせる

　引用文というのは、本来、自分で資料を集めて情報を分類する中で自分なりの問題理解を行い、そこから生まれた自分の主張に従って書くべきものである。学生にこうした一連の作業をこなす能力があり、また引用するに足る資料が手に入るようなら、上記のやり方ではなく、一般的な研究レ

ポートを書かせることもできる。あるいは、上記のやり方で引用の練習を行った後で、研究レポートの課題を出すことも考えられる。

　研究レポートは、独立文以上に手間と時間がかかるため、プロセスを分けて、一つひとつのステップを丁寧に踏ませるようにしたほうがよい。研究レポートの手順をきちんと踏んでいるかの確認ができるように、各段階ごとのチェックリストを資料4.13にまとめた。資料4.13を見てわかる通り、レポートを書き始める前の段階で、研究トピックの発見、文献の理解、研究課題の決定、アウトライン作成、文献ノート作成といくつかの大切なステップがあるので、それぞれに丁寧に取り組ませるようにしたい。

　文章化のさいには、考えが変わったり、思ったほどペンが進まないことがよくある。大まかなステップを示しながらも、柔軟にスケジュールを考え直させよう。書きながら構想や考えが変わった場合は、何度でもアウトラインを書き直し、文献収集をやり直させよう。文献は、よく理解できるまで何度でも読み直させる。レポートは一度で完璧に書かせるのではなく、まずは、アウトラインを文章化させ、次に、その原稿に手を入れて情報をより精密かつ正確にさせ、最後に、英語表現や文法などの細かい部分が適切かどうかを確認させるようにしよう。引用部分は、最初から自分の英語で言い換えたり要約することが難しければ、まず著者の英語を使って書き、次にそれを見ないで自分の英語で書くようにさせる。

　日本では、授業中に他の人と議論する機会が少なく、また文化的にも自他を明確に区別するという習慣があまりない。引用文を書かせることは、他の人の発言をきちんと理解し、その発言に対して個人としての自分がどのように考えるのかを適切に表明する絶好の練習となる。また、他の人の文章の表現そのものを直接引用して使うのか、そこに書いてある具体例をデータとして使うのか、自分の意見を支持する意見として使うのかなど情報の関連性について考えさせる機会となる。適切な引用文を書く力は、研究社会の議論に加わるための要件であるから、ぜひとも学生に身につけさせたい。

研究レポートを書く各段階で、次の項目について確認しよう。

レポートの課題をもらったとき

⇨ 次の点を確認して、スケジュールを立てよう。
（1）レポートの締切りはいつか。締切りまで何日あるか。
（2）課題を分析して、レポートを書くことで何をすることが求められているかを把握したか。
（3）レポートを書くのに、これから具体的に何をしなければならないか。それぞれ、どのくらいの時間がかかりそうか。（予定通り進まない場合を考えて、余裕のあるスケジュールを立てよう。）

文献を探すとき

（4）課題に沿って、できるだけ具体的なトピックを見つけたか。
（5）そのトピックについての資料は、どのように見つけたらいいか考えたか。（例．インターネットでキーワード検索 → 図書館で本を借りる、新聞、雑誌などの記事を探す等。）

文献を読むとき

⇨ 文献の読み方は、目的によって違う。文献収集のときは、効率よくできるだけ多くの文献の概要を把握するために目次や要旨を中心にざっと読み、読む文献がだいたい決まったら内容を理解するために文章をよく読み、研究課題が決定し引用計画を立てた後は、文献ノートを作成しながら丁寧に読もう。
（6）インターネットのキーワード検索や、本の目次や論文の要旨などを使って関係ありそうな文献が収集できたか。
（7）文献を読んでみて、自分が書こうとするレポートの研究課題を決定し、レポートの全体的な構想を作ることができたか。⇨ できたら、アウトラインを書く。
（8）アウトラインの中にどの文献をどのように使うかの引用計画を立てたか。
（9）引用する可能性のある文献については、丁寧に読み、文献ノート（付録A参照）を作成したか。

レポートを書く前

⇨「引用文を書く前の確認リスト」（資料4.8.）を使って、書く準備ができているか確認しよう。

レポートを書いているとき

⇨ 文章は、一度で完璧に書こうとせず、書くプロセスを数回に分けよう。
（10）第一原稿の段階：アウトラインの概要を文章化できたか。

> (11) 第二原稿の段階：文章は論理的か。詳細に説明できたか。主張、論点、関連資料が首尾一貫しているか。
> (12) 第三原稿の段階：英文表現は適切か。スペルや文法間違いなどがないか。
>
> **レポートを書いた後**
> ⇨ 「引用文を書いた後の確認リスト」（資料4.9）を使って、レポートを提出する準備ができているか確認しよう。

資料4.13．研究レポートのチェックリスト

4.4.4 自分の言葉で書くことを教える

■ 英語圏における言い換えの意味を教える

　英語圏と日本を含むアジアでは学習の目的が違う（本書17–18ページ参照）。目的が違えば学習が行われたかどうかの評価基準も当然違う。アジアの教育では、文章なり問題なりを「個人」としての学生がどのように理解したのかをあまり重視しないが、英語圏では重視する。学生には、読んだ文章を「自分はどう理解したのだろうか」と常に自問しながら深く文章や問題と関わることが求められていることを教えよう。そして、個人としての自分がどう理解したかを示すためには原文の表現を変えなければいけないということを教える必要がある。2.5で示した英語圏の教員たちの意見を紹介するなどして、英語圏の人たちが他人の文章を写して書いたり暗記したりすることをどのようにとらえるのかを教えるのも一つの方法である。

　Howard (1995) は、読んだ文章を自分の言葉で要約するとき、文章をよく理解するまで何度も読み、時間をおいて、本を閉じたまま書くのがよいと勧めている (p. 801)。自分の言葉で書くと言ってもなかなかピンとこない学生もいるので、「原文を見ないで書く」(Howard, 1995, p. 801) という具体的な行動として教えてあげると学生にもわかりやすい。認知心理学研究 (e.g., Anderson, 1995; Gernsbacher, 1985; Van Dijk & Kintsh, 1983) によると、人は文章を言葉どおり記憶しないで、その意味を記憶するという。したがって、原文を見ないで書いたものは、自分の中からでてきた言葉であり、自分の理解や解釈を表しているはずである。ただ、そのようにして

> 言い換えのときは、次のステップを踏もう。
> ステップ1： 英文を1パラグラフ読む。
> ステップ2： テキストを見ないで、今のパラグラフは一言で何を言っていたか、その主張はどんなデータで説明されていたかを日本語で言ってみる。(言えなければ英文に戻って理解しなおす。)
> ステップ3： テキストを見ないで、その主張とデータを英語で説明してみる。
> 　　　　　　　　　　　　　　　　Katims & Harris (1997, p. 121) に基づく。

資料 4.14.　言い換えの仕方

書いた文章が偶然原文と似ている場合もあるかもしれないので、意識的に表面的な類似をチェックし、似ていれば表現を変えるようにさせることも必要だろう。

資料 4.14 は、その具体的な方法について示したものである。Katims and Harris (1997, p. 121) の方法を基にして、日本人大学生向けに変更を加えた。英語の文章の基本単位はパラグラフなので、パラグラフごとに顔をあげて理解を確かめるとよいと思う。また、理解を確かめる場合は、母語である日本語を使うほうが効率がいいのと、一度日本語を挟むことで言い換えの英語が原文から距離を置いた自分らしい英語になる可能性があるので、理解の確認の部分は日本語で行うとしている。

■ 役に立つサイト

インターネット上には、適切な引用と盗用の判別練習ができるサイトがある。University of Southern Mississippi の提供する Plagiarism tutorial: Test your knowledge (University of Southern Mississippi, n.d.) というサイトや Indiana University Bloomington の提供する Plagiarism test: How to recognize plagiarism (Indiana University Bloomington, 2008) というサイト等である。これらのサイトでは、盗用について明確に定義し、適切な引用と盗用の間の微妙な境界線上にある文章の具体例について判別ができる練習問題を提供している。

University of Southern Mississippi の提供するサイトでは、盗用や引用、言い換えや要約についての説明に加えて、盗用の知識を測るための事前テ

スト（Pre-test）と事後テスト（Post-test）、さらには、説明の途中で Quiz が2 回入っている。事前テストと事後テストでは、盗用についての知識を問う問題が 10 問出され、自分と指導者のメールアドレスを記入すると、テストの点数がそのアドレスに送信されるようになっている。Quiz の中では、原文とその引用例が並べて示され、適切（Acceptable use）か、盗用（Plagiarism）かを入力すると、すぐに feedback が出てきて、盗用かどうかを判断する理由の説明画面が出てくる。

Indiana University Bloomington の提供するサイトでは、そのサイトで盗用について学び、盗用判定テストを受け、このテストに合格すると証明書が発行されるようになっている。このサイトでは、原文と引用例を並べて示し、表現の盗用（word-for-word plagiarism）か、パッチワーク文（paraphrasing plagiarism）か、盗用ではない（This is not plagiarism）かを判定する問題が 10 問出される。判定ボタンを押すと、正解と不正解の問題番号が示される。全部正解すると、証明書が発行されるので、その証明書をプリントアウトさせ、必要事項を記入させて、提出させることができる。

ただし、これらのサイトを使うのは大学学部後期か大学院に入るのを待ったほうがよいと思う。あまりに厳しい盗用の定義や罰則を示すことで、かえって日本人の学習意欲をそぐかもしれないからだ。

4.4.5 大学生に英文ライティングと盗用問題を教えるための具体的なカリキュラムの提案

では、大学の授業の中では、具体的にはどのようなカリキュラムを組んだらいいのだろうか。資料 4.15 は、ジャンル・アプローチの考え方を日本の大学における英文ライティング指導に応用するさいの一例である。目標として設定したのは、大学に入学したての時期は最も応用範囲の広い一般的な説明文が書けることで、次にクラスメイトの意見を引用した統合文、大学高学年においては研究レポートが書けるようになることである。

第4章　日本の大学で盗用と言われないための英文指導をどう行うか

学習段階	学習内容	引用や盗用の指導
大学1, 2年生	目標：A4用紙1枚ぐらいの長さの一般的な英語の説明文や意見文が書けること。 指導方法：書くプロセスを分けてガイドする。 学習プロセス 　1. モデル文から文構造や表現を学ぶ。 　2. 自分の書く英文のアウトライン作成。 　3. 第一原稿作成。 　4. 教員やクラスメイトからフィードバックをもらう。 　5. 内容や文構成を中心とした推敲。 　6. 文法の間違いの直し方を学ぶ。 　7. 文法や表現等細かい間違いを直す。 　8. 最終原稿提出。	自由に他人の英文をまねさせる。引用や盗用のルールについては触れない。
大学2, 3年生	目標：自分の意見を引用で支持した英文が書けること。 指導方法：意見文（独立文）を書かせ、クラスメイトの意見を付け加えさせる。 学習プロセス 　1. 上記の方法でまずは独立文として意見文を書く。 　2. 引用の考え方や仕方を学ぶ。 　3. クラスメイトの書いた意見文を読む。 　4. 自分の書いた意見文にクラスメイトの書いた文章をどのように使うかの引用計画を立てる。 　5. 第一原稿作成。 　6. 教員やクラスメイトからフィードバックをもらう。 　7. 内容や文構成を中心とした推敲。 　8. 文法や表現等細かい間違いを直す。 　9. 最終原稿提出。	引用と盗用の考え方を教える。引用のルールと引用の仕方を教え、使わせる。
大学3, 4年生	目標：研究テーマに沿って「調べて書く」ことができるようになること。 指導方法：「調べて書く」プロセスを分けてガイドする。 学習プロセス	引用や盗用について、指導をし、適切に引用ができているかフィードバックを与える。cheating以

1. 研究テーマについてさまざまな文献を読み、そのテーマの現状を知る。
2. テーマを絞り込み、自分の書くレポートの研究トピック決定。
3. 仮のアウトライン作成。
4. アウトラインに沿って、文献収集。
5. アウトライン修正。
6. 文献ノート作成。
7. 第一原稿作成。
8. 教員やクラスメイトからフィードバックをもらう。
9. 必要なら、さらにアウトライン修正。
10. 内容や文構成を中心とした推敲。
11. 文法や表現など細かい間違いを直す。
12. 最終原稿提出。

外の盗用には、まだ罰則は与えない。

資料 4.15. 大学学部生にはいつ何を教えるべきなのか

4.5 日本の大学院生には何を教えるべきなのか

日本人大学院生には、研究者としての責任感と、研究分野の論文の読み書きの方法、「文章の盗用」(Roig, 2006) を避けるための言い換えの方法の3つを教える必要がある。

4.5.1 研究者としての責任感をもたせる

大学院生は、大学生以上に責任ある態度をもつことが期待されている。1.5 で説明したように、研究者には一般の人に比べて特別に高い倫理観が求められているのだが、大学院生にもそれと同等の期待がかけられている。大学院生の書く文章は、論文として発表され、真剣に取り扱われる可能性があるので、大学院生には、自分の書く文章に研究社会の一員としての責任感をもたせる必要がある。

■ 文章の盗用を避けるため十分な言い換えをさせる

研究論文における最も一般的な盗用である「文章の盗用」(plagiarism of

text）(Roig, 2006) の指摘を受けないためには、言い換えとはどういうことか、なぜ自分の言葉で説明ができなければいけないのかをきちんと理解させ、研究社会が求めているような言い換えができるだけの力をつけさせなければならない。まず、文章の盗用の原因の多くは、記述内容を十分に理解していないことである。大学院生には、論文などでよく使われる抽象的な表現が具体的に何を示すのかをよく考えさせ、その解釈を書くように指導する。ただ、学部生とは異なり大学院生には研究分野についての知識や経験があるので、記述された内容が具体的に指すものを理解するためにその知識や経験を活用することができる。

次に、その理解を表現するさいに、盗用の指摘を免れるために必要なのは文章の十分な言い換え（substantially modify the original material）(Roig, 2006, p. 8) である。そこで、他人の研究を説明するときには、原文をよく読んで理解し、その理解した内容を原文を見ないで書くようにさせる。その後、原文と照らし合わせ、同じ表現や文型、文法を使いすぎていないかを確かめ、似ているようであれば、他の単語や文構造に書き換えさせる。最後に、正確な記述のために英文法の間違いをチェックさせる。最近は、論文を書くために役に立つ英語文例集なども売られているので、それらを参考にすることもできるが、そこにある表現が自分の研究を記述するために本当に適切なのかどうかは、単語の基本の意味をきちんと辞書などで確かめて判断する必要がある。

■ 研究論文の記述を理解し言い換える方法を教える

ただ、研究論文の内容を原文を見ないで言い換えるというのは、実際やってみると簡単ではない。原文を見ないで説明するためには、原文を深く理解していなければならないからだ。特に論文の内容は難解で表現も抽象的であるため、それが指し示す具体的な事柄をイメージとして理解すること自体が難しい。そこで、抽象的な表現に凝縮された内容の理解を助けるために、日本語に直したり、パッチワーク文を書いたり、辞書を使ったりしながら、その文章が具体的に表している意味を本当に理解したのかを確かめさせる必要がある。

具体的な例で説明してみる。例えば、The effects of pre-existing inappropriate highlighting on reading comprehension（Silvers & Kreiner, 1997）という論文のタイトルを自分の解釈を示すように言い換えてみる。

1. まず、原文の単語を他の単語に置き換えてみる。または、日本語に直してみる。

    effect＝influence 影響, pre＝before 前に, inappropriate＝not appropriate 適切でない, highlight＝mark with highlight 蛍光ペンで印をつける, comprehension＝understanding 理解、わかること

2. さらに、辞書で effect や influence を引くと、effect of A on B, influence of A on B という例文が見つかる。

3. これに、研究内容についての知識や自分の経験を動員して意味を推測する。

    この論文は、*Reading Research and Instruction* という学術雑誌に掲載された論文で、reading comprehension という表現もあることから読解についての研究報告であることがわかる。Effect of A on B や influence of A on B は、「A の B への影響」なので、A は独立変数（影響を与えるもの）で、B は従属変数（影響を受けるもの）のことだ。highlight というのは、勉強するときに、重要事項に蛍光ペンで印をつけることを意味する。古本などを買ったとき、その蛍光ペンの印がもともとついていることがある。その印が不適切な場所、つまり重要でない場所についているとしたら、私たちの読解はどのような影響を受けるのだろうか。この論文では、このような状況についての研究報告をしているのだ。

上のタイトルの一つの言い換え例としては、What influence will it have on our understanding of a text if the text contains unimportant but highlighted words or phrases? がある。研究論文の言い換えは、このように抽象語を具体的な内容を表すものとして理解するプロセスだと言える。

適切な言い換えは、書き方の問題というより読解の問題である場合も多い。したがって、論文の内容を具体的に理解するための補助を行うところから、言い換えの指導は始まる。

4.5.2 研究分野の論文の読み方や書き方を教える

■ 研究論文から読み書きを学ばせる

　大学生であっても大学院生であっても、文章を読んで、読み書きを学ぶことに変わりはない。しかし、研究論文の文章は抽象的で難解な表現が使用されているので、文章理解の仕方そのものを練習させるためには何らかの補助が必要である。さらに、学生は文献を理解するだけでなく、研究分野特有の表現を使って自分の理解を書かなければならない。これらの表現は、ふつうの話し言葉とは違うので文献を読みながら学ぶしかない。資料4.16は論文の読み方と学び方を教えるために作成したハンドアウトだが、学生に論文を読ませるさいには、研究の内容を理解させるだけでなく、論文の構造とそこで使われる表現を学ばせるとよい。

　論文の構造については、例えば、実証研究においては、研究課題（research questions）、研究方法（method）、分析方法（analysis procedure）、結果（result）、結果の考察（discussion）というような小見出しがついていることが多いが、これは実証研究のプロセスを示しているので、この通り一つずつどのような内容でどのように行われたかを確認しながら読むことで、実証論文の研究内容が理解できる。あるいは、後で紹介する研究論文を読む時の確認リスト（資料4.17）の質問をガイドとすることもできる。

　研究社会特有の表現については、日頃から研究分野の論文から役に立ちそうな単語や表現を小さなまとまり（chunk）として抜き出しながら、研究の何を記述するときに使うのかに分けてメモさせていく。一つの論文ではなくいくつかの論文をこのような方法で読ませることで、文構造や表現にも典型的なものとそうでないものがあることもわかるし、さまざまな文構造や表現を学んでおけば、後で自分が論文を書くときに、その中から自分の目的に合ったものを選んで使うことができる。

実証論文を読む

Silvers, V. L., & Kreiner, D. S.（1997）. The effects of pre-existing inappropriate highlighting on reading comprehension. *Reading Research and Instruction, 36*（3），217–223. を読む。

1.　論文の形式を見てみよう。
Title
Abstract
（Introduction）
（Literature review）
Experiment 1
　　　　Participants and materials
　　　　Design and procedure
　　　　Results
　　　　Discussion
Experiment 2
　　　　Participants and materials
　　　　Design and procedure
　　　　Results
　　　　Discussion
General discussion
（Conclusion）
References

2.　次の情報を確認しよう。
この研究の重要性：
この研究の目的：
実験1の目的：
実験1の仮説：
実験1の仮説が支持されたかどうかはどのように示されるのか：
独立変数（IV: independent variable）と従属変数（DV: dependent variable）：
実験1の結果：
実験1の結果の意味：
実験2の目的：
実験2の仮説：
実験2の仮説が支持されたかどうかはどのように示されるのか：
独立変数（IV: independent variable）と従属変数（DV: dependent variable）：
実験2の結果：
実験2の結果の意味：
研究全体を通して言えること：

3. 論文に使われている表現をチェックしよう。
 1) The present research examines . . . .
 2) We predict . . .
 3) This would be shown by . . . .
 4) randomly assigned, random assignment
 5) one of three conditions
 6) participants
 7) material
 8) design
 9) procedure
 10) a control group, an experimental group
 11) the independent variable
 12) the dependent variable
 13) result
 14) significantly different, statistically significant, show statistical significance, There was no significant difference
 15) $p < .05$
 16) discussion
 17) The results supported the hypothesis that . . . / The results rejected the hypothesis that . . .
 18) mean or M, standard deviation or SD
 19) The purpose of the second experiment was to test whether . . .
 20) the positive effect, the negative effect
 21) The hypothesis was that . . . .
 22) several limitations must be noted
 23) a representative sample of college students
 24) We have several suggestions
 25) implications

資料 4.16. 論文の読み方と学び方を説明するためのハンドアウトの一例

■ 論文を批判的に読むための方法

　Geisler (1994) は、研究者は一般人と違って、文章の情報をただ単に事実として受け取るのではなく、文脈を考慮し、その情報の信憑性を疑いながら読むという (p. 25)（本書 25 ページの Bazerman の研究参照）。大学院生たちにも、このような批判的な読み方（critical reading）をすることが期待されている。文章というものは、それを書いた人がいて、そこには書き

手の主張があり、その文章が書かれた文脈の中で理解すべきものである。人は、文章を目的もなく書いているのではなく、「説得したり、議論したり、言い訳をしたりするために」書く（Geisler, 1994, p. 87）。そうした目的を意識しながら文章を読むことが必要とされるのである。

では、このような読み方ができるためには、どうしたらいいのだろうか。資料 4.17 は、研究論文を批判的に読むために私が作成した確認リストである。研究の質や研究論文の質を確認するときに重要だと思われる質問を、リストの形で挙げた。

研究論文を読むときは、次の項目について確認しよう。

研究トピックについて
1. 研究トピックは何か。それは、研究分野にとって大切か。研究分野の人たちが今関心をもっているトピックか。
2. 具体的な研究課題（research questions）は何か。
3. 概念や用語は、適切に定義されているか。

文献研究について
4. 幅広く、偏りなく文献を収集しているか。研究分野において重要な文献が入っているか。
5. 文献は、よく理解され、整理され、統合されているか。
6. その研究の必要性や重要性は、研究分野全体の中にきちんと位置づけて説明されているか。

研究方法について
7. 研究方法は何か（例：実験、調査、面接、観察）。研究方法の選択は適切か。
8. 研究デザインは、どのようなものか。研究デザインの選択は適切か。
9. 独立変数（independent variables）と従属変数（dependent variables）は何か。それは、どのように具体化されているか。結果に影響を与えうる他の変数（noise variables）は統制されているか。
10. （もしいれば）被験者は、どのような人たちか。どのようにして選ばれたのか。何人か。被験者の選択は適切か。
11. （もしあれば）研究に使った材料は何か。研究材料の選択は適切か。
12. 研究は適切に実施されたか。実施において、何か不適切な部分がないか。

データ分析方法について
13. データは、どのように分析されたか。
14. その分析方法は適切なものか。分析は適切に実施されているか。

研究結果について
15. 主な研究結果は何か。それは、研究課題の答えになっているか。
16. 研究結果は、どのようにして導き出されたか。それは、適切か。
17. 研究結果は、適切に報告されているか。
18. 今回の研究結果は、同じ研究分野の他の研究結果とはどのような関係になるか。
19. 研究結果は、何を意味するのか。

著者の研究結果の解釈と結論について
20. 著者は、研究結果をどのように解釈しているか。それは、適切か。
21. 著者は、研究結果からどのような結論を導き出しているか。研究結果に基づかないことを述べていないか。また、一般化のしすぎや、論理の飛躍はないか。
22. 著者は、研究結果を研究分野全体の中に位置づけて説明しているか。
23. 著者は、研究結果の意義をどのように説明しているか。それは、適切か。
24. 著者は、研究の限界をどのように説明しているか。それは、適切か。
25. 著者は、研究結果に基づいて何を主張し、何を勧めているか。それは、適切か。

論文の書き方について
26. 上記の 1～25 において、記述がなかったり記述があいまいな部分がないか。

資料 4.17. 研究論文を読むときの確認リスト

4.5.3 要約と批評を書かせる

大学院生には、論文の要約と批評を書く課題（summary & critique）をいくつか出すと練習になる。研究レポートや論文を書く場合は、序論（introduction）、文献研究（literature review）、考察（discussion）の部分が一番難しい。それは、理解や解釈を自分の言葉で表現しなければいけないからだ。まずは、1つの論文について、きちんと要約し批評が書けるようになることが、複数の文献を統合した引用文を書くための基礎となる。その方法に

要約と批評を書く

論文の要約の書き方
1. 研究論文を読むときの確認リスト(資料4.17)の質問をしながら、論文を読み、研究内容を確認し、重要部分に下線を引くかノートを取る。
2. 下線を引いたりノートをとった情報を中心にして、論文の概要を英語でまとめる。(この段階では、著者の言葉を借りて書いてもよい。)
3. 2で書いた英文を見ないで、論文の概要を<u>自分の言葉</u>で書いてみる。(ここで、英文を見ないで書くことが難しいとすれば、内容理解が十分でない証拠である。その場合は、論文を辞書等を使ってよく分析して理解し直し、その理解した内容を自分の言葉で書いてみる。)
4. 2と3を比べてみて、表現が似すぎていたら他の表現を使って書き換える。
5. 文法間違いがないか確かめる。

論文の批評の書き方
1. 要約を書くために論文を読むときに確認した項目について、適切に行われている点と適切に行われていない点を書きとめる。
2. 研究内容や方法が適切でない点や記述が欠落していたりあいまいな点については、どうすべきであったのか自分の考えを書く。
3. 書きとめたノートを整理し、自分の批評としてまとめる。

資料4.18. 要約と批評の書き方

ついては、資料4.18に示した。要約と批評についてもモデルを読ませたい。要約については、いろいろな論文のabstractが参考になる。研究分野の論文を読ませ、自分で要約を書かせて、abstractと比べさせる。

Belcher (1995) は、学術雑誌等に掲載されている書評 (book review) を書くことを勧めている。書評は、論文よりも文章が短く、多くの場合本の要約と批評という構成になっているので、効率的に要約の仕方と批評の書き方を学ぶことができる。書かせた書評は、学術雑誌に投稿させることができる。

日本人が英語の論文を読む場合、それを自分の英語でまとめながら読むということは難しいので、研究論文を読むときの確認リスト(資料4.17)を参照しながら、研究内容の概要を示している部分に下線を引かせるか、

メモを取らせて、まずはその論文の著者の言葉を使って論文の重要な情報をまとめさせ、次にそれを見ないで論文の概要を英語で書かせるという手順を踏むといいのではないかと思う。

この課題を出す前に、Plagiarism test: How to recognize plagiarism というサイト（Indiana University Bloomington, 2008）（本書82–83ページ参照）で正しい引用と盗用の境界線を見分ける練習をさせて、そこが発行する証明書を提出させるのも、大学院生に自分の言葉を使わなければいけないという意識を植え付けるのに役立つ。

この課題の評価のときに、大学院生に論文の著者の言葉を使って書いた要約と自分の言葉で書いた要約の両方を提出させれば、どのくらい表現の変更ができているかを比べて確かめることができる。

4.5.4　研究論文の書き方を補助する課題を出す

大学院で論文の書き方を教えることは、研究方法を教えることと重なる。私は、大学院で英文ライティングを教えているが、まず論文の読み方を教え、そこから書くための材料を学ぶ方法を教えたら、要約と批評の課題を出し、自分の言葉で書くことの大切さを教えて、最後に、大学院生それぞれの研究の計画書を英語で書いてもらっている。

このとき、資料4.19[5]のように研究計画書の作成手順をいくつかに分けて、重要な確認ポイントを確認させながら、研究計画書の書き方を教えている。文献研究を行い、研究内容をまとめながら、そこから研究課題を見つけるという手順を踏むことで、研究分野全体の中にきちんと位置づけられた研究課題が見つかるはずだ。研究においては、適切な研究課題の設定が最優先となるので、ここを丁寧に行わせなければならない。私の研究分野は英語教育学なので、英語教育学分野であれば研究計画そのものの妥当性についてもコメントするが、その他の分野の研究計画書についてはコメントできない。自分の分野外の研究計画書については、課題選択や研究内

---

[5]　資料4.19は、私が大学院時代にいただいた資料を、自分の授業の目的に合うように変更して作成したものである。

容、研究方法の妥当性については指導教官に任せ、私は一般的な研究計画書の書き方をきちんと踏まえているのか、文献研究における先行研究の統合が適切になされ、自分の研究課題がその中に適切に位置づけられているか、研究論文として適切な表現が使われているか等を指導し、評価している。

ライティングの指導者と大学院生の研究内容が大きく異なり、研究論文を教材とするのが難しければ、研究内容を教えている教員と英文ライティングの指導者がティームティーチングをするなどの協力体制を作ることも考えられる。

研究計画書を作成する（Creating your research proposal）

1. 大まかな研究課題を設定する。
   - What is your research area?
   - What issues are you interested in?

2. 文献研究を行いながら、研究課題を見つける。
   - What issues are people in your field talking about?
   - What issues need to be addressed further?
   →Decide on your research topic.
   - Is the research topic important?
     (Is it timely? Do the findings contribute to your research field?)
   - Is the research topic feasible?
     (Can you conduct the research using the resources available to you?)
   →Narrow down the research topic and create (a) concrete research question(s).
   →**Write a (tentative) Introduction section for your proposal. (Assignment 1)**

3. さらに関連文献を集め、整理し、先行研究のまとめを行う。
   →Find and read studies which are relevant to your research question(s).
   →Organize the studies and create an outline for your literature review section.
   →Contextualize your research in the network of studies within your field.
   →**Write a (tentative) Literature review section for your proposal. (Assignment 2)**

4. 研究課題に取り組むための独立変数、従属変数、その他の変数を特定する。
    - What are the independent variables in your research? How do you define and operationalize them?
    - What are the dependent variables in your research? How do you define and operationalize them?
    - What are the subject variables in your research?
    - What are the task variables in your research?
    - What are the noise variables in your research? → How do you control them so that they do not affect your research results?
    →After considering the above questions, confirm your research question(s).

5. 研究デザインを設定し、データ収集の方法を考える。
    - Describe your research design and procedure.
    - What data collection method(s) do you use (e.g., interviews, observations, verbal reporting, questionnaires, tests)?
    - Who are your subjects? How many? How do you recruit them?
    - What materials do you use? Are they easily available? Are they appropriate?
    - Do you have a specific plan regarding how to conduct your research?
    →**Write a Method section for your proposal. (Assignment 3)**

6. データ分析の方法を考える。
    - How do you measure your independent variable(s)?
    - How do you measure your dependent variable(s)?
    →**Write an Analysis procedure section for your proposal. (Assignment 4)**

7. 結果を予想し、その意味を考える。
    - What outcomes do you predict?
    - What do the predicted outcomes mean?
    - What recommendations would you make based on the outcomes?

8. 全体をまとめて、研究計画書を作成する。
    →**Review all the sections of your proposal and check (1) if all the necessary information is included, (2) if the description is accurate and appropriate, and (3) if the format is appropriate.**
    →**Turn in your Research proposal. (Assignment 5)**

Koda (1994) に基づく。

資料 4.19. 研究計画書の作成手順

4.6　ま　と　め

　「文章の相互依存性の時代」においては、私たちは他者から学び、その上に自分の貢献を積み上げることが大切である。この認識に立つと、盗用とは他者から学んだものを自分のものにする努力や、他者の貢献を明示する努力が十分行われていないことを言うのではないだろうか。英文ライティングの指導者は、学生たちに適切に他者から学び、他者と関わることを教えなければならない。日本で英文ライティングを教える場合には、日本の大学特有の難しさも考慮する必要がある。日本人大学生の英語力と英文ライティング力は十分発達していない場合が多いし、文化的にも教育的背景を考慮しても、日本人大学生や大学院生にとって「表現の盗用」(Pennycook, 1996, p. 223) や「パッチワーク文」(Howard, 1995, p. 799) の指摘を免れることは難しいからである。

　盗用の意味は、その文脈によって異なる。研究者にとっての盗用の意味と学生にとっての盗用の意味は違う。研究者でもある大学教員は、まずその違いを考慮しながら盗用問題を扱う必要がある。

　日本人学生が英語力や英文ライティング力をつけようとする場合は、英文を読んでそこから学ぶ必要がある。他者の文章から学んだり借用したりするプロセスを経ずに英語力や英文ライティング力をつけることは不可能に近い。そこで、ジャンル・アプローチの「足場がけ」(scaffolding) (Bruner, as cited in Feez, 1998, p. 26) という考え方に基づいて、初めは他者から学ばせたり他者の補助に依存させながら徐々に力をつけさせ、力がついてきたら補助を少なくしながら自立を目指させるように指導するのが現実的だと思う。

　大学生には、まず英語力と英文ライティング力をつけさせ、引用の仕方や引用の考え方を教え、自分の言葉で書くように指導して、英語学習や英文ライティング学習を促すようにする。英語力や英文ライティング力をつけさせることが間接的に盗用防止につながる。大学院生には研究者としての責任感を教え、研究分野の論文の読み書きの力をつけてあげることと、盗用の中でも一番研究者に多いとされる「文章の盗用」(Roig, 2006) の指

摘を受けないように、論文表現の言い換えの仕方を指導する。文章の盗用は、論文の内容をよく理解していないときに起きることが多いため、論文の内容理解を助け、その理解を英語で表現する練習をさせる。

　大学院生と大学生の発達段階の違いや学習目的の違いを考慮すると上記のような指導が考えられる。教室では、英文ライティング力をつけることと盗用防止のバランスを取ることが重要だ。なお、上にまとめきれなかったが重要な盗用問題もあるので、主要な盗用問題とその対策を表4.2にまとめた。

盗用の原因	盗用防止のための対策
学生が課題を重視していない。	学生にとって意味のある課題を出す。 学生に課題の意味や重要性を説明する。
学生が、実力では課題をこなすことができないと思っている。	学生の実力に見合った課題を出す。 学生に英語力や英文ライティング力をつけさせて自信をもたせるようにする。 学生の実力以上の課題を出す場合は、小さな課題に分けて、一つひとつを積み上げていけば課題が完成するように指導する。
学生が期限内に課題提出ができない。（課題遂行にかかる時間を学生が過小評価している、どのように課題に取り組めばいいかわかっていない、課題遂行にかかる時間を教員が過小評価している等）	課題提示のときに、英文レポートを書くには時間と手間がかかることを教え、完成までのスケジュールを立てさせる。 大きな課題を出すのではなく、小さな課題に分けて出し、一つひとつの小さな課題を提出させる。 課題遂行に十分な時間を与える。
学生に基礎的な英文の読み書き能力が不足している。	英文の基礎的な読み書き能力をつけてあげる。
学生が英文の言い換えの意味を理解していない。	言い換えでは、自分が文章をどう理解したかを示すべきであることを教える。 他人の文章を言い換えるときは、「原文を見ないで書く」ようにさせる。
学生に英文の言い換え能力が不足している。	文章の理解ができていない場合は、文章理解を補助する。

4.6 まとめ

	理解した内容は、自分の英語力の範囲内の短く単純な文型・文法を使って書くように促す。
学生が盗用の意味を理解していない。	研究社会における引用と盗用の意味を教え、大学において盗用は不適切な行為であることを教える。 盗用にはさまざまな行為が含まれることを教え（表2.1参照）、それぞれを避ける方法を教える。
学生が引用の仕方を理解していない。	引用の仕方を明示的に教える。
学生の書いた引用文の中で引用の仕方が間違っている。	引用の使い方を学べるような課題を出し、適切に使えているかどうかフィードバックを与える。
学生が引用文を書くプロセスがわからず途方にくれている。	引用文を書くプロセスを明示的に教える。 引用文を書くプロセスを分けながら、書き方をガイドする。
学生は過去において他人の文章の借用や盗用が許容されていた。	学習の各段階において期待される他人の文章の扱い方が違うことを教える。（図4.2参照）
学生は盗用は不適切だとわかっていても処罰されないので盗用を行っている。	盗用の意味について学生に教えるか、学生と話し合う。 盗用に対する方針や処罰の方針を作成し、学生に伝える。 明らかな盗用が見つかった場合、方針に従って処罰する。
教員側が盗用を特定できない。	教員が、盗用とは何かを理解しておく。 盗用が疑われるケースが見つかった場合は、学生から話を聞く。 課題提出のさいに作成途中の原稿を提出させる等、盗用できない仕組みを作る。 教員が盗用のすべてを特定する必要はないと割り切る。
研究分野によって他人の文章の引用の仕方が異なるので、教員がどのように指導していいのかわからない。	教員は代表的な書き方マニュアル（*MLA, APA, CMS* 等）を使って引用のルールを教え、各研究分野における違いがあることも教え、その違いについては学生に自習させる。

| 教員が盗用への対処の方針がわからない。 | 大学や、学部、学科で、盗用への対処の方針について一定のルールを決めておく。 |

表 4.2. 盗用問題のさまざまな原因と考えられる対策

あとがき

　多くの日本人大学生は、高校卒業までに高度な英文読解力を身につけている。ならば、日本の大学で英文ライティングを教えるときに、せっかく授業などで身につけたその英文リーディング力をライティング力に転移させることはできないかと考えて研究を続けてきた。アメリカでは20年ぐらい前から「リーディングとライティングの関係性の研究」（Reading-Writing Connection Studies）が行われ、すでにリーディング力とライティング力がかなりの程度関連していることや、共通の認知資源と言語資源を使い、共通の認知過程をたどることが明らかにされている（e.g., Hirvela, 2004, Tierney & Shanahan, 1991）。読むことと書くことのとらえ方そのものも変化し、「意味を構築する過程」（processes of meaning construction）（Tierney & Pearson, 1983, p. 568）としては共通の性質をもっていることも明らかにされている。そして、この2つは従来別々に教えられてきたが、一緒に教えるほうがずっと効率がいいことも明らかにされ、授業の中でこの2つを統合するという動きになっていった。その1つが統合文（または引用文）を書くという課題である。近年の認知心理学研究等において複数の文献を統合して文章を書くことで思考が深まることが明らかになったこともあり（e.g., Hynd, 1999; Wiley & Voss, 1999）、引用文（統合文）はアメリカの大学では多くの授業で課される最も一般的なライティング課題の一つとなっている。

　このように読むことと書くことを結びつける場合、問題となるのが「盗用」である。盗用の問題は、引用のルール違反だからと言っても、ただ単に引用のルールを教えたり、盗用しないように警告するだけで片づく問題ではない。そもそも、APAなどのマニュアルに書いてある一般的な盗用の定義から判断して、出典を示しても言い換えが原文に近すぎる場合（パッチワーク文）、盗用とみなされることがあると考える人がどのくらいいるだ

ろうか。多くの英文ライティングについてのテキストやガイドラインは、盗用の定義の難しさのために表面的なルールを教えるにとどまっている。しかし、英文ライティングを実際に学生たちに教えるときには、適切な引用と盗用の境界線をできるだけ明確に教えなければならない。日本人の場合は、学生が知識として理解したことを実践できるように、英語力や英文ライティング力そのものを身につけさせる必要もある。そのためには、読んだものから文構造や表現などを学び、自分の文章に使わせながら、適切な英文が書けるようにしなければならない。また、論文中の文献研究や統合文のように、読んだ内容を織り込んで自分の文章を書くという複雑な思考を要する作業の中で他人の文章を適切に扱う方法も学ばせなければならない。しかし、その扱いは難しく、一歩間違えば盗用の烙印を押されかねない。

　では、適切な書き方はどのようなもので、どのようにしたら身につくのだろうか。また、具体的にはどのような行為が盗用で、盗用の指摘を免れるためにはどうすればいいのだろうか。この研究を始めたきっかけは、このような疑問であった。

■ 盗用について考えることは他者との関わり方について考えること

　近年、インターネットが発達し「盗用をしやすい環境と盗用をあばきやすい環境が出てきた」（Eisner&Vicinus, 2008）ために、盗用の問題が注目を集めるようになってきた。しかし、多くの人が盗用の問題をただの道徳の問題としてとらえているのではないか。そもそも盗用という言い方がいけないのであって、「文章の不適切な借用」（transgressive intertextuality）と呼ぶことを勧める研究者もいる（e.g., Abasi & Akbari, 2008; Chandrasoma, Thompson, & Pennycook, 2004）。

　他人の文章を自分の文章の中にどのように借用するかを考えることは、他者とどのように関わるかについて、そして他者との関わりの中で自分をどう打ち出していくのかについて考えることである。私たちはこれまで他者から学び、それを内在化することによって、学んだものを自分の力にして生きてきた。盗用の問題を考えることは、他者からどのように学ぶべき

あとがき

なのかについて考えることでもある。アメリカでは、盗用防止が英文ライティング教育の目的になっているようなところもあるようだ（2.7参照）が、英文ライティング教育の本来の目的は、学生たちに英文を書く力をつけてあげることである。論文においては、新しい知識を創造することが本来の目的であり、大学におけるライティング教育は、その知識を正確かつ適切に表現する力をつけてあげるためにある。英文ライティングを教えるときには、これら英文ライティング教育本来の目的を見失わないようにしたい。また、これからは日本においても盗用の定義や対処についての方針作成が求められるようになるかもしれないが、盗用という問題自体のもつ複雑さや日本の大学特有の指導の難しさを考慮し、慎重に議論した上で作成すべきだと思う。

謝　　辞

　この本は、平成 22〜24 年度にかけて科学研究費補助金（基盤研究（C）、課題番号 22520625）をいただいて行った「デジタル時代の新しい剽窃の定義と英文ライティングにおける指導について」の研究が基になっている。この本の出版にあたり、研究社編集部長の吉田尚志氏と出版部の津田正氏にはたいへんお世話になった。特に、津田氏には、丁寧に原稿を読んでいただき、文章全体の構成から細かな表現に至るまで改善のためのアドバイスをいただいた。的確なアドバイスのおかげで、この問題についての私の理解はずいぶん整理された。付録の中の *MLA handbook*（7th edition）に則った引用のルールと参考文献表の書き方は、東北学院大学英文学科教授である植松靖夫氏に手伝っていただいて、書いた。*CMS*（16th edition）に則った引用のルールと参考文献表の書き方は、筑波大学大学院図書館情報メディア研究科の池内有為氏に書いていただいた。英文校正には、東北学院大学英文学科教授の Philip Backley 氏にお世話になった。すばらしい方々の協力のおかげで、この本を完成させることができた。ここに、心からお礼を申し上げる。

参 考 文 献

〈英語文献〉

Abasi, A. R., & Akbari, N. (2008). Are we encouraging patchwriting?: Reconsidering the role of the pedagogical context in ESL student writers' transgressive intertextuality. *English for Specific Purposes, 27*, 267–284. doi:10.1016/j.esp.2008.02.001

Adamson, H. D. (1993). *Academic competence: Theory and classroom practice: Preparing ESL students for content courses.* White Plains, NY: Longman.

Adler-Kassner, L., Anson, C. M., & Howard, R. M. (2008). Framing plagiarism. In C. Eisner & M. Vicinus (Eds.), *Originality, imitation, and plagiarism: Teaching writing in the digital age* (pp. 231–246). Ann Arbor, MI: The University of Michigan Press and The University of Michigan Library.

American Psychological Association. (2010). *Publication manual of the American Psychological Association* (6th ed.). Washington, DC: Author.

Anderson, J. R. (1995). *Cognitive psychology and its implications* (4th ed.). New York, NY: W. H. Freeman.

Angélil-Carter, S. (2000). *Stolen language: Plagiarism in writing.* Harlow, England: Pearson Education.

Axelrod, R. B., Cooper, C. R., & Warriner, A. M. (2008). *Reading critically writing well: A reader and guide* (8th ed.). Boston, MA: Bedford.

Bakhtin, M. M. (1981). *The dialogic imagination: Four essays.* (M. Holquist, Ed. C. Emerson & M. Holquist, Trans.). Austin, TX: University of Texas Press.

Bakhtin, M. M. (1986). *Speech genres and other late essays.* (C. Emerson & M. Holquist, Eds. V. W. McGee, Trans.). Austin, TX: University of Texas Press.

Ballad, B., & Clanchy, J. (1991). Assessment by misconception: Cultural influences and intellectual traditions. In L. Hamp-Lyons (Ed.), *Assessing second language writing in academic contexts* (pp. 19–35). Norwood, NJ: Ablex.

Bazerman, C. (1988). *Shaping written knowledge: The genre and activity of the experimental article in science.* Madison, WI: The University of Wisconsin Press.

Bazerman, C. (1995). *The informed writer: Using sources in the disciplines* (5th ed.). Boston, MA: Houghton Mifflin.

Bazerman, C. (2004). Intertextuality: How texts rely on other texts. In C. Bazerman & P. Prior (Eds.), *What writing does and how it does it* (pp. 83–96). Mahwah, NJ: Lawrence Erlbaum.

Belcher, D. (1995). Writing critically across the curriculum. In D. Belcher & G. Braine (Eds.), *Academic writing in a second language: Essays on research and pedagogy* (pp. 135–154). Norwood, NJ: Ablex.

Bloch, J. (2001). Plagiarism and the ESL student: From printed to electronic texts. In D. Belcher & A. Hirvela (Eds.), *Linking literacies: Perspectives on L2 reading-writing connections* (pp. 209–228). Ann Arbor, MI: The University of Michigan Press.

Board of Studies NSW. (1998). English K-6 modules. Sydney, Australia: Board of Studies NSW. Retrieved from http://k6.boardofstudies.nsw.edu.au/files/english/k6engmodules_syl.pdf

Board of Studies NSW. (2007). English K-6 syllabus. Sydney, Australia: Board of Studies NSW. Retrieved from http://k6.boardofstudies.nsw.edu.au/files/english/k6_english_syl.pdf

Bouville, M. (2008, March 27). Plagiarism: Words and ideas. *Science and Engineering Ethics, 14,* 311–322. doi:10.1007/s11948–008–9057–6

Brown, A. L., Day, J., & Jones, R. S. (1983). The development of plans for summarizing texts. *Child Development, 54,* 968–979.

Brumfiel, G. (2007, September 6). Turkish physicists face accusations of plagiarism. *Nature, 449*(7158), 8.

Buranen, L., & Roy, A. M. (Eds.). (1999). *Perspectives on plagiarism and intellectual property in a postmodern world.* Albany, NY: State University of New York Press.

Chandrasoma, R., Thompson, C., & Pennycook, A. (2004). Beyond plagiarism: Transgressive and nontransgressive intertextuality. *Journal of Language, Identity, and Education, 3*(3), 171–193.

Cofer, J. O. (2006). *Call me Maria.* New York, NY: Scholastic.

Conference on College Composition and Communication. (2009). CCCC statement on second language writing and writers. Retrieved from http://www.ncte.org/cccc/resources/positions/secondlangwriting

Coulthard, M. (2004). Author identification, idiolect, and linguistic uniqueness. *Applied Linguistics, 25,* 431–447.

Council of Writing Program Administrators. (2003, January). Defining and avoiding plagiarism: The WPA statement on best practices. Retrieved from http://wpacouncil.org/files/wpa-plagiarism-statement.pdf

Cumming, A. (1995). Fostering writing expertise in ESL composition instruction: Modeling and evaluation. In D. Belcher & G. Braine (Eds.), *Academic writing in a second language: Essays on research and pedagogy* (pp. 375–397). Norwood, NJ: Ablex.

Ding, Y. (2007). Text memorization and imitation: The practices of successful Chinese learners of English. *System, 35*, 271–280. doi:10.1016/j.system.2006.12.005

Educational Testing Service. (2007). *The official guide to the new TOEFL®iBT* (2nd ed.). New York: McGraw-Hill.

Eisner, C., & Vicinus, M. (2008). *Originality, imitation, and plagiarism: Teaching writing in the digital age.* Ann Arbor, MI: The University of Michigan Press and The University of Michigan Library.

Endnote. (n.d.). Retrieved from http://endnote.com

England, A. (2008). The dynamic nature of common knowledge. In C. Eisner & M. Vicinus (Eds.), *Originality, imitation, and plagiarism: Teaching writing in the digital age* (pp. 104–113). Ann Arbor, MI: The University of Michigan Press and The University of Michigan Library.

Eureka Journal Watch. (2012, April 17). 2007 Plagiarism ring affair. Retrieved from http://eurekajournals.org/eureka/index.php?title = 2007_Plagiarism_Ring_Affair

Feez, S. (1998). *Text-based syllabus design.* Sydney, Australia: National Centre for English Language Teaching and Research, Macquarie University.

Ferris, D. R. (2002). *Treatment of error in second language student writing.* Ann Arbor, MI: The University of Michigan Press.

Flanagan, A. (1994, February). Experts agree plagiarism hard to define, hard to stop. *The Council Chronicle, 3*(3), 6.

Flower, L. (1993). *Problem-solving strategies for writing* (4th ed.). Orland, FL: Harcourt Brace Jovanovich.

Geisler, C. (1994). *Academic literacy and the nature of expertise: Reading, writing, and knowing in academic philosophy.* Hillsdale, NJ: Lawrence Erlbaum.

Geisler, C., Bazerman, C., Doheny-Farina, S., Gurak, L., Haas, C., Johnson-Eilola, J., Kaufer, D. S., Lunsford, A., Miler, C. R., Winsor, D., & Yates, J. (2001). IText: Further directions for research on the relationship between information technology and writing. *Journal of Business and Technical Communication, 15*

(3), 269–308. Retrieved from http://www4.ncsu.edu/~crmiller/Publications/itextJBTC01.pdf

Gernsbacher, M. A. (1985). Surface information loss in comprehension. *Cognitive Psychology, 17*, 324–363.

Grabe, W., & Stoller, F. L. (2002). *Teaching and researching reading*. Harlow, England: Pearson Education.

Graf, C., Wager, E., Bowman, A., Fiack, S., Scott-Lichter, D., & Robinson, A. (2007). Best practice guidelines on publication ethics: A publisher's perspective. *International Journal of Clinical Practice, 61* (Suppl. 152), 1–26. doi: 10.1111/j.1742-1241.2006.01230.x

Greene, S. (1993). Exploring the relationship between authorship and reading. In A. M. Penrose & M. M. Sitko (Eds.), *Hearing ourselves think: Cognitive research in the college writing classroom* (pp. 33–51). New York, NY: Oxford University Press.

Grom, J. (2009, May 22). Plagiarism sleuths. *Science, 324*, 1004–1007. Retrieved from http://www.sciencemag.org/content/324/5930/1004.full

Harvey, G. (2008). *Writing with sources: A guide for students* (2nd ed.). Indianapolis, IN: Hackett.

Hirvela, A. (2004). *Connecting reading and writing in second language writing instruction*. Ann Arbor, MI: The University of Michigan Press.

Howard, R. M. (1993). A plagiarism pentimento. *Journal of Teaching Writing, 11* (3), 233–245. Retrieved from https://journals.iupui.edu/index.php/teachingwriting/article/view/1116/1088

Howard, R. M. (1995). Plagiarisms, authorships, and the academic death penalty. *College English, 57*, 788–806.

Howard, R. M. (1999). *Standing in the shadow of giants: Plagiarists, authors, collaborators*. Stamford, CT: Ablex.

Howard, R. M. (2000). Sexuality, textuality: The cultural work of plagiarism. *College English, 62*, 473–491.

Howard, R. M. (2007). Understanding "Internet plagiarism." *Computers and Composition, 24*, 3–15.

Howard, R. M., & Watson, M. (2010). The scholarship of plagiarism: Where we've been, where we are, what's needed next. *WPA: Writing Program Administration, 33*(3), 116–124. Retrieved from http://wpacouncil.org/archives/33n3/33n3howard-watson.pdf

Hu, J. (2001). An alternative perspective of language re-use: Insights from textual

and learning theories and L2 academic writing. *English Quarterly, 33*(1&2), 52–62.
Hull, G., & Rose, M. (1989). Rethinking remediation: Toward a social-cognitive understanding of problematic reading and writing. *Written Communication, 6*, 139–154.
Hyland, K. (2004). *Genre and second language writing*. Ann Arbor, MI: The University of Michigan Press.
Hynd, C. R. (1999). Teaching students to think critically using multiple texts in history. *Journal of Adolescent and Adult Literacy, 42*, 428–436.
Indiana University Bloomington, School of Education. (2008, March 19). Plagiarism test: How to recognize plagiarism. Retrieved from https://www.indiana.edu/~istd/plagiarism_test.html
Jacobs, H. J., Zingraf, S. A., Wormuth, D. R., Hartfiel, V. F., & Hughey, J. B. (1981). *Testing ESL composition: A practical approach*. Rowley, MA: Newbury House.
Kantz, M. (1990). Helping students use textual sources persuasively. *College English, 52*, 74–91.
Karbalaei, A., & Amoli, F. A. (2011). The effect of paraphrasing strategy training on the reading comprehension of college students at the undergraduate level. *The Asian EFL Journal, 13*(3), 229–244.
Katims, D. S., & Harris, S. (1997). Improving the reading comprehension of middle school students in inclusive classrooms. *Journal of Adolescent and Adult Literacy, 41*, 116–123.
Keck, C. (2006). The use of paraphrase in summary writing: A comparison of L1 and L2 writers. *Journal of Second Language Writing, 15*, 261–278. doi:10.1016/j.jslw.2006.09.006
Kennedy, M. L., & Smith, H. M. (2006). *Reading and writing in the academic community* (3rd ed.). Upper Saddle River, NJ: Pearson Prentice Hall.
Kirkland, M. R., & Saunders, M. A. (1991). Maximizing student performance in summary writing: Managing cognitive load. *TESOL Quarterly, 25*, 105–121.
Kletzien, S. B. (2009). Paraphrasing: An effective comprehension strategy. *The Reading Teacher, 63*, 73–77. Retrieved from http://www.roseburg.k12.or.us/depts/educate/langarts/documents/Comp-Kletzien.pdf
Koda, K. (1994). Homework: Developing research proposals. Unpublished work. Ling 620. Department of Linguistics, Ohio University, Athens, OH.
Kristeva, J. (1986). Word, dialogue and novel. In T. Moi (Ed.), *The Kristeva reader* (pp. 34–61). New York, NY: Columbia University Press.

Leki, I. (1995). *Academic writing: Exploring processes and strategies* (2nd ed.). New York, NY: St. Martin's Press.

Li, Y., & Casanave, C. P. (2012). Two first-year students' strategies for writing from sources: Patchwriting or plagiarism? *Journal of Second Language Writing, 21*, 165–180. doi:10.1016/j.jslw.2012.03.002

Liu, J., & Hansen, J. G. (2002). *Peer response in second language writing classrooms*. Ann Arbor, MI: The University of Michigan Press.

Marton, F., Dall'Alba, G., & Kun, T. L. (1996). Memorizing and understanding: The keys to the paradox? In D. A. Watkins & J. B. Biggs (Eds.), *The Chinese learner: Cultural, psychological and contextual influences* (pp. 69–83). Hong Kong, China: Comparative Education Research Centre and Australian Council for Educational Research.

McNamara, D. S. (2004). SERT: Self-explanation reading training. *Discourse Processes, 38*, 1–30.

Modern Language Association of America. (2009). *MLA handbook for writers of research papers* (7th ed.). New York, NY: Author.

Moody, J. (2007). Plagiarism or intertextuality?: Approaches to teaching EFL academic writing. *The Asian EFL Journal, 9*(2), 195–210.

Murray, L. J. (2008). Plagiarism and copyright infringement: The costs of confusion. In C. Eisner & M. Vicinus (Eds.), *Originality, imitation, and plagiarism: Teaching writing in the digital age* (pp. 173–182). Ann Arbor, MI: The University of Michigan Press and The University of Michigan Library.

Newell, G., Garriga, M. C., & Peterson, S. S. (2001). Learning to assume the role of author: A study of reading-to-write one's own ideas in an undergraduate ESL composition course. In D. Belcher & A. Hirvela (Eds.), *Linking literacies: Perspectives on L2 reading-writing connections* (pp. 164–185). Ann Arbor, MI: The University of Michigan Press.

Office of Research Integrity, U.S. Department of Health and Human Services. (n.d.). Retrieved from http://www.ori.dhhs.gov/

Paltridge, B. (2001). *Genre and the language learning classroom*. Ann Arbor, MI: The University of Michigan Press.

Pecorari, D. (2001). Plagiarism and international students: How the English-speaking university responds. In D. Belcher & A. Hirvela (Eds.), *Linking literacies: Perspectives on L2 reading-writing connections* (pp. 229–245). Ann Arbor, MI: The University of Michigan Press.

Pecorari, D. (2006). Visible and occluded citation features in postgraduate second-language writing. *English for Specific Purposes, 25*, 4–29.

Pecorari, D., & Shaw, P. (2012). Types of student intertextuality and faculty attitudes. *Journal of Second Language Writing, 21*, 149–164. doi:10.1016/j.jslw.2012.03.006

Pennycook, A. (1994). The complex contexts of plagiarism: A reply to Deckert. *Journal of Second Language Writing, 3*, 277–284.

Pennycook, A. (1996). Borrowing others' words: Text, ownership, memory, and plagiarism. *TESOL Quarterly, 30*, 201–230.

Penrose, A. M., & Geisler, C. (1994). Reading and writing without authority. *College Composition and Communication, 45*, 505–520.

Petrić, B. (2012). Legitimate textual borrowing: Direct quotation in L2 student writing. *Journal of Second Language Writing, 21*, 102–117. doi:10.1016/j.jslw.2012.03.005

Plagiarism Detection Resources, Plagiarism Tools. (2012, July 22). Retrieved from http://www.ori.dhhs.gov/plagiarism-tools

Polio, C., & Shi, L. (2012). Editorial: Perceptions and beliefs about textual appropriation and source use in second language writing. *Journal of Second Language Writing, 21*, 95–101. doi:10.1016/j.jslw.2012.03.001

Purdue University Online Writing Lab (OWL). (n.d.) Retrieved from http://owl.english.purdue.edu/

Reinking, J. A., & von der Osten, R. (2005). *Strategies for successful writing: A rhetoric, research guide, and reader* (7th ed.). Upper Saddle River, NJ: Pearson Prentice Hall.

Roig, M. (2001). Plagiarism and paraphrasing criteria of college and university professors. *Ethics and Behavior, 11*, 307–323. doi:10.1207/S15327019EB1103_8

Roig, M. (2006). Avoiding plagiarism, self-plagiarism, and other questionable writing practices: A guide to ethical writing. Retrieved from http://www.cse.msu.edu/~alexliu/plagiarism.pdf

Roig, M. (2007). Some reflections on plagiarism: The problem of paraphrasing in the sciences. *European Science Editing, 33*, 38–41. Retrieved from http://www.ease.org.uk/sites/default/files/may_2007332.pdf

Rose, S. K. (1999). The role of scholarly citations in disciplinary economics. In L. Buranen & A. M. Roy (Eds.), *Perspectives on plagiarism and intellectual property in a postmodern world* (pp. 241–249). Albany, NY: The State University of New York Press.

Scollon, R. (1994). As a matter of fact: The changing ideology of authorship and responsibility in discourse. *World Englishes, 13*, 33–46. doi:10.1111/j.1467-971X.1994.tb00281.x

Scollon, S. (1999). Not to waste words or students: Confucian and Socratic discourse in the tertiary classroom. In E. Hinkel (Ed.), *Culture in second language teaching and learning* (pp. 13–27). Cambridge, UK: Cambridge University Press.

Senders, S. (2008). Academic plagiarism and the limits of theft. In C. Eisner & M. Vicinus (Eds.), *Originality, imitation, and plagiarism: Teaching writing in the digital age* (pp. 195–207). Ann Arbor, MI: The University of Michigan Press and The University of Michigan Library.

Shamoon, L., & Burns, D. H. (1999). Plagiarism, rhetorical theory, and the writing center: New approaches, new locations. In L. Buranen & A. M. Roy (Eds.), *Perspectives on plagiarism and intellectual property in a postmodern world* (pp. 183–192). Albany, NY: State University of New York Press.

Shea, J. (1987). When borrowing becomes burglary. *Currents, 13*(1), 38–42.

Shi, L. (2004). Textual borrowing in second-language writing. *Written Communication, 21*, 171–200.

Shi, L. (2006). Cultural backgrounds and textual appropriation. *Language Awareness, 15*, 264–282.

Silvers, V. L., & Kreiner, D. S. (1997). The effects of pre-existing inappropriate highlighting on reading comprehension. *Reading Research and Instruction, 36*(3), 217–223.

Sinclair, J. (1991). *Corpus, concordance, collocation*. Oxford, UK: Oxford University Press.

Sorokina, D., Gehrke, J., Warner, S., & Ginsparg, P. (2006). Plagiarism detection in arXiv. Retrieved from http://arxiv.org/ftp/cs/papers/0702/0702012.pdf

Spack, R. (1988). Initiating students into the academic discourse community: How far should we go? *TESOL Quarterly, 22*, 29–51.

Spack, R. (1998). *Guidelines: A cross-cultural reading/writing text* (2nd ed.). Cambridge, UK: Cambridge University Press.

Stanley, K. (Ed.). (2002, December). Perspectives on plagiarism in the ESL/EFL classroom. *TESL-EJ 6*(3). Retrieved from http://www.tesl-ej.org/wordpress/issues/volume6/ej23/ej23f1/

Stolley, K., Brizee, A., & Paiz, J. M. (2013, February 13a). Purdue Online Writing Lab: Deciding if something is "common knowledge." Retrieved from http://owl.english.purdue.edu/owl/resource/589/02/

Stolley, K., Brizee, A. & Paiz, J. M. (2013, February 13b). Purdue Online Writing

Lab: Intellectual challenges in American academic writing. Retrieved from http://owl.english.purdue.edu/owl/owlprint/589/01/

Sutherland-Smith, W. (2008). *Plagiarism, the internet and student learning: Improving academic integrity*. New York, NY: Routledge.

Swales, J. M., & Feak, C. B. (2004). *Academic writing for graduate students: Essential tasks and skills* (2nd ed.). Ann Arbor, MI: The University of Michigan Press.

Tardy, C. (2009). *Building genre knowledge*. West Lafayette, IN: Parlor Press.

Tenpenny, P. L., Keriazakos, M. S., Lew, G. S., & Phelan, T. P. (1998). In search of inadvertent plagiarism. *The American Journal of Psychology, 111*, 529–559.

Tierney, R. J., & Pearson, P. D. (1983). Toward a composing model of reading. *Language Arts, 60*, 568–580.

Tierney, R. J., & Shanahan, T. (1991). Research on the reading-writing relationship: Interactions, transactions, and outcomes. In R. Barr, M. L. Kamil, P. B. Mosenthal, & P. D. Pearson (Eds.), *Handbook of reading research* (Vol. 2) (pp. 246–280), Mahwah, NJ: Lawrence Erlbaum.

Turnitin (n.d.). Retrieved from http://turnitin.com/en_us/home

University of Chicago Press. (2010). *The Chicago manual of style* (16th ed.). Chicago, IL: Author.

University of Southern Mississippi. (n.d.). Plagiarism tutorial: Test your knowledge. Retrieved from http://www.lib.usm.edu/legacy/plag/plagiarismtutorial.php

U.S. Copyright Office. (2012, June). Fair use. Retrieved from http://www.copyright.gov/fls/fl102.html

Van Dijk, T. A., & Kintsch, W. (1983). *Strategies of discourse comprehension*. New York: Academic Press.

We want to know: How do you define plagiarism? (1993, November). *Council Chronicle, 3*(2), 8.

Weyland, K. (2007). How to assess plagiarism of ideas? *PS: Political Science and Politics 40*, 375–376. doi: 10.1017/S1049096507070588

Wiley, J., & Voss, J. F. (1999). Constructing arguments from multiple sources: Tasks that promote understanding and not just memory for text. *Journal of Educational Psychology, 91*, 301–311.

Writing Center at Washington University in St. Louis. (n.d.). In-text citations. Retrieved from http://writingcenter.wustl.edu/in_text.htm

Yamada, K. (2003). What prevents ESL/EFL writers from avoiding plagiarism?: Analyses of 10 North-American college websites. *System, 31*, 247–258.

doi:10.1016/S0346-251X(03)00023-X

Yilmaz, I. (2007, October 11). Plagiarism? No, we're just borrowing better English. *Nature, 449*(7163), 658.

Yoshimura, F. (2009). Searching for reading instruction methods to promote the development of EFL writing ability. *Journal of Institute for Research in English Language and Literature, 34*, 43–65.

Zigmond, M. J., & Fischer, B. A. (2002). Beyond fabrication and plagiarism: The little murders of everyday science: Commentary on "six domains of research ethics" (K. D. Pimple). *Science and Engineering Ethics, 8*, 229–234.

〈日本語文献〉

市川繁治郎, David Dutcher, Stephen Boyd, 沢村灌. (1995). 『新編英和活用大辞典』東京: 研究社.

NHK 制作. (2008 年 9 月 1 日).「コピペ〜「ネットの知」とどう向き合うか」『クローズアップ現代』(No. 2623)［テレビ番組］.

付　　　録

A. 文献ノートの作成法
B. *APA*（6th edition）に則った引用のルール
C. *MLA Handbook*（7th edition）に則った引用のルール
D. *CMS*（16th edition）に則った引用のルール
E. 盗用について知るために役に立つサイトのまとめ

付　　録

A.　文献ノートの作成法

　引用しようと思う文献がある場合は、インデックスカードを使って、文献情報と読んだ内容を記した文献ノートを作成すると便利だ。文献ノートには2種類あり、文献情報ノートと内容ノートがある。文献情報ノートには、文献の詳細な情報を正確に記入し、内容ノートには、文献の内容を記入する。そして、同じ通し番号をつけ、文献名とページ番号を記しておこう。内容ノート作成のさいには、直接引用か自分の言葉による説明か、自分のコメントかを区別して書いておくことが正確な引用のために必要だ。直接引用以外の内容ノートは、日本語で書いても構わない。自分用のメモなので、あまり時間をかけすぎないようにしよう。カードはぜいたくに使い、1つのカードには1つのまとまった情報を書いておく。1つのカードにいくつもの情報を書くと、その情報を分けることができなくなる。後で情報の整理がしにくくなるので注意！

文献情報ノート

```
                                    No. 23        ←通し番号
  文献情報                                         ←文献情報
  Keck, C. (2006). The use of paraphrase in summary writing: A
  comparison of L1 and L2 writers. Journal of Second Language
  Writing, 15, 261–278.

  出典
  Shi, L. (2012). Rewriting and paraphrasing source texts in second    ←出典
  language writing. Journal of Second Language Writing, 21,            （もしあれば）
  134–148. doi: 10.1016/j.jslw.2012.03.003        (p. 135)             ←文献が現れ
                                                                        たページ
```

付　　録

内容ノート（直接引用）

> No. 23
>
> Keck (2006), pp. 268–270
>
> "The taxonomy of paraphrase types" (p. 268)　言い換えの分類
> - "Near copy": "an attempted paraphrase in which 50% or more of the paraphrase was made up of words contained within unique links" (p. 268)
> - "Minimal Revision": "paraphrases in which 20-49% of the paraphrase was made up of words within unique links" (p. 269)
> - "Moderate Revision": "an attempted paraphrase, which used at least one unique link, but less than 20% of the total paraphrase words were contained within unique links" (p. 270), "1-19% words contained within unique links" (p. 268)
> - "Substantial Revision": "over 85% of a typical Substantial Revision was made up of words that did *not* occur in the original excerpt" (p. 270), "no unique links" (p. 268)

←通し番号 文献とページ

←定義なので表現をそのまま使うため直接引用している。

←ページ番号も書く

内容ノート（言い換え）

> No. 23
>
> Keck (2006), pp. 268–270
>
> "The taxonomy of paraphrase types" (p. 268)　言い換えの分類
> - "Near copy": use the same words in 50% or more of the paraphrase (p. 268)
> - "Minimal Revision": use the same words in 20-49% of the paraphrase (p. 269)
> - "Moderate Revision": use the same words in less than 20% of the paraphrase (p. 270)
> - "Substantial Revision": use the same words in less than 15% of the paraphrase (p. 270)

←通し番号 文献とページ

←自分の言葉による説明

←ページ番号も書く

付　録

内容ノート（コメント）

```
                                          No. 23
Keck (2006), pp. 271–277
Comparison of L1 and L2 writers' usage of paraphrase
Result: more L1 writers used moderate or substantial revisions,
while more L2 writers used near copies
  → because of language proficiency? (comment)
  → patchwriting may be caused by insufficient language profi-
    ciency? (comment)
```

←通し番号
　文献とページ

←自分の考え

　手書きでカードを作成するのが面倒だと思うのであれば、まず文献の文章に下線を引くとか、文章の横のスペースにメモ書きしておくだけでも、後の情報の特定が容易になる。手書きのカードではなく、文書作成用のコンピュータソフトを使ってノートを取っておくこともできる。その場合、まず文献ごとにノートを取って保存しておく。レポートのアウトラインができたところで、どの文献のどこの部分をどのように使うかの引用計画を立てる。そして、その引用計画に従って、それぞれの文献から必要な部分をコピー・アンド・ペイストする。この場合も、直接引用、自分の言葉でのまとめ、自分のコメントを区別しておくことと、どの文献のどのページから引用したのかをきちんと書いておくことが大切だ。また、EndNote® (http://endnote.com/) (Endnote, n.d.) のようなコンピュータソフトを使うという手もある。これらは、あくまで資料なので、文章化のさいには引用のルールに則って適切に引用すべきである。

付　録

B.　*APA*（6th edition）に則った引用のルール

　APA方式は、主に心理学や教育学など社会科学分野で使われる論文の書き方である。文中における引用には、直接引用（quotation）、言い換え（paraphrase）、要約（summary）がある。下にAPA方式に則った引用の方法を挙げたが、ここに記載できなかった事例については、*Publication manual of the American Psychological Association*（APA, 2010）を参照してほしい。なお、下の［　　］内の数字は、*APA* (6th edition) の章番号を表す。

1.　直接引用（quotation）の仕方 [6.03]

　文中では、著者のラストネームと文献の発行年を書き、引用部分は引用符（double quotation marks）で囲み、引用した部分のページ番号は (p. xx)、複数ページにまたがる場合は (pp. xx–xx) と書く。文中に著者名を入れなかった場合は、（　　）の中に著者名、出版年、ページ番号を記す。引用部分は、本文通りに正確に写すが、文脈にあわせて引用部分の最初の語の大文字と小文字の変更や最後の punctuation mark の変更は可能。[6.07]

　　例　Bazerman (2004) claims that "almost every word and phrase we use we have heard or seen before" (p. 83).

　　例　A researcher claims that "almost every word and phrase we use we have heard or seen before" (Bazerman, 2004, p. 83).

引用部分に変更を加える場合

　①　引用部分の中に引用部分がある場合は、中の double quotation marks を single quotation marks に変更する。[4.08]

　　　例　Krashen (1984) claims that "it is reading that gives the writer the 'feel' for the look and texture of reader-based prose" (p. 20).

　②　引用部分を省略する場合は、省略部分にピリオドを3つ打ち、残りの引用部分につなげる。ピリオドの間は1スペース空ける。省略個所が一文の終わりに続く場合は、その文の句点分を含めて、ピリオドを4つ打つ。[6.08]

　　　例　According to Leu (2000), "in the Information age or post-information age . . . literacy is essential to enable individuals, groups, and societies to access the best information in the shortest time" (p. 746).

③ 原文に誤りがある場合は、誤りの後にイタリック体で [*sic*] をつける。sic は「原文のまま」の意。[6.06] [4.08]
　　例　"The pajes [*sic*] on the Web utilize hypertext."

④ そのままでは原文の語句の指す意味が不明確な場合は、その後に [　　] をつけ、何を指すか記す。[6.08]
　　例　"For them [FL learners], reading is often the main source of input."

⑤ ある部分を強調する場合は、強調部分をイタリック体にし、その後に [emphasis added] と記す。[6.08] [4.08]
　　例　Grabe (2002) points out "two important *differences* [emphasis added] between reading and writing modalities" (p. 58).

2. 直接引用 (quotation) で引用部分が長い場合 [6.03]

引用部分が40語以上の場合は、引用部分は本文から切り離し、全体を左マージンから半インチ (5 スペース) 字下げ (indent) する。引用符 ("　　") は使わない。

　例　The idea is explained by Haas and Flower (1988) as follows:
　　　Rhetorical strategies take a step beyond the text itself. They are concerned with constructing a rhetorical situation for the text, trying to account for an author's purpose, context, and effect on the audience. In rhetorical reading strategies, readers use cues in the text, and their own knowledge of discourse situations, to recreate or infer the rhetorical situation of the text they are reading. (p. 176)

3. 要約 (summary) する場合 [6.01] [6.04]

引用文献から得た情報やアイディアは、自分の言葉で要約しても出典を示さなければならない。その場合、引用符は用いず、文中に著者のラストネームと出版年を書く。ページ番号は、必要ならつける。

　例　According to DeKeyser and Sokalski (1996), practice is skill-specific. In their experiment, learners who had received comprehension practice improved more in comprehension, and learners who had received production practice improved more in production.

4. 言い換え（paraphrase）する場合 [6.01] [6.04]

引用文献から得た情報やアイディアは、自分の言葉で言い換えても出典を示さなければならない。その場合は、引用符は用いず、文中に著者のラストネームと出版年を書き、ページ番号は、つけたほうがよい。

例　In mining, learners are expected not only to decode the text meaning passively, but to engage in the text actively in order to dig up valuable input for their own writing (Greene, 1993, p. 36).

この文は、下の文章の内容を言い換えたものである。

"Whereas teachers often encourage a critical reading of individual texts as an end in itself, mining is part of an ongoing effort to learn specific rhetorical and linguistic conventions. The strategies student observe in reading can become part of their own repertoire for writing on different occasions" (Greene, 1993, p. 36).

5. 二次情報源から情報をとった場合 [6.17]

一次情報源の著者のラストネームを書き、（　）内には、as cited in の後に二次情報源の著者名、発行年を記す。文の最後に二次情報源のページ番号を書く。参考文献表には、二次情報源だけを書き、一次情報源は書かない。

例　Hacker (as cited in Howard, 1995) defined patchwriting as "paraphrasing the source's language too closely" (p. 799).

著者の書き方 [Table 6.1.]

(1)　著者が2人の場合は、2人のラストネームを初出のときも2回目以降も書く。文中では and を使い、（　）の中では & を使う。

例　Pecorari and Shaw (2012) define intertextuality as "the relationship between two or more texts" (p. 149).

例　Intertextuality is defined as "the relationship between two or more texts" (Pecorari & Shaw, 2012, p. 149).

(2)　著者が3〜5人の場合は、全員のラストネームを初出のときは書き、2回目以降は第一著者のラストネームに et al. をつける。

例　Sorokina, Gehrke, Warner, and Ginsparg (2006) discussed a plagiarism detection procedure.

例　A plagiarism detection procedure was discussed (Sorokina, Gehrke, Warner,

& Ginsparg, 2006).
2 回目以降
例　According to Sorokina et al. (2006), the plagiarism detection procedure is effective.
例　The plagiarism detection procedure is effective (Sorokina et al., 2006).

(3)　著者が 6 人以上の場合は、初出のときも 2 回目以降も第一著者のラストネームに et al. をつける。

(4)　著者がグループ名の場合は、初出のときはグループ名の正式名称を書き、続けて（　）の中にその省略形を書く。2 回目以降は、省略形を使う。
例　The Japan Association of College English Teachers (JACET, 2010) conducted a survey.
例　A survey was conducted (The Japan Association of College English Teachers [JACET], 2010).
2 回目以降
例　JACET (2010) reported the results of the survey.
例　The results of the survey were reported (JACET, 2010).

(5)　著者名がわからない場合は、タイトルの最初の 2, 3 語を書く。[6.15]
例　Plagiarism is difficult to define ("We want to", 1993, p. 8).
出典は、"We want to know: How do you define plagiarism?" (1993, November). *Council Chronicle, 3*(2), 8. のように書く。

(6)　一度に複数の文献を挙げる場合は、文献の著者のラストネームと出版年を書く。著者のラストネームと出版年の間にはコンマ (,) をうち、文献と文献の間にはセミコロン (;) を打つ。そして、参考文献表の順（著者のラストネームのアルファベット順）に書く。複数ある文献の代表を数例挙げる場合は、(e.g.,) [for example の意] の後に、文献を並べる。[6.16]
例　Thus, previous research has suggested that some ways of reading are likely to promote the development of writing ability (Carrell & Conner, 1991; Greene, 1993; Greene, 1995; Haas & Flower, 1988).

APA (6th edition) に則った参考文献表の書き方

引用した文献の詳細を参考文献表に書くことで、読者はその文献を入手し情報を

確かめることができる。したがって、参考文献表の記載のさいには、注意して正確な情報を記すこと。下に代表的な場合を書いたが、ここに記載していない場合については、*APA*（2010）を参照してほしい。

APA 方式では、参考文献表には References というタイトルをつけ、著者のラストネームのアルファベット順に文献情報を書く。"Nothing precedes something." の原則に基づき、例えば、Hu は Hull より前に来る。行間は、本文と同じダブルスペースを用いる。1 つの文献情報が 2 行以上にわたる場合は、2 行目以降は、字下げ（a hanging indent）する。[Reference list, p. 180]［6.25］

＊同一著者の場合は、出版年の古い順に記載する。同一著者に単一著書と共著がある場合は、単一著書を先に書く。出版年は、同一著者の文献が同じ年に出版されている場合は（2010a）（2010b）のように a, b, c をつけて区別する。［6.25］

1. 書籍［7.02］

著者名.○（発行年）.○*書籍のタイトル*.○出版地:○出版社.
Author's last name, ○ First name（I）. ○（Year）. ○ *Title of book*. ○ Location: ○ Publisher.

＊○は 1 スペース空ける、（I）はイニシャルで記すの意味。以下、すべて同じ。

| 例 | Harvey, G. (2008). *Writing with sources: A guide for students* (2nd ed.). Indianapolis, IN: Hackett. |

| 例 | Suzuki, T. (1973). *Kotoba to bunka* [Language and culture]. Tokyo, Japan: Iwanami Shoten. |

| 例 | Belcher, D., & Hirvela, A. (Eds.). (2001). *Linking literacies: Perspectives on L2 reading-writing connections*. Ann Arbor, MI: The University of Michigan Press. |

＊著者名がわからない場合は、書籍のタイトルや書籍を出版したグループ名を著者名の代わりに記す。［6.27］
＊編集された書籍の場合は、著者名の部分に編集者の名前を書き、名前の後に（Ed.）をつける。編者が複数の場合は、（Eds.）をつける。［7.02］
　　例　Bazerman, C. (Ed.). (2008).
　　例　Lathrop, A., & Foss, K. (Eds.). (2005).
＊出版年がわからない場合は、(n.d.)［no date の意］と記す。出版予定の場合は、(in press)と記す。［6.28］
＊書籍のタイトルにはイタリック体を用い、タイトルの最初の単語の語頭と固有名

詞以外はすべて小文字で書く。副題がある場合は、間に（：）［colon］を打ち、副題の最初の単語の語頭は大文字にする。[6.29]
* 書籍でも特定の版（edition）や特定の巻（volume）の場合は、書籍のタイトルの後にピリオドを打たず、(3rd ed.)［third edition の意］、(Rev. ed.)［Revised edition の意］、(Vol. 5)、(Vols. 1–3) と（　）内に何版かや何巻かを記し、その後にピリオドを打つ。[6.22] [6.29]
* 書籍のタイトルが英語以外の言語で書かれている場合は、原書のタイトルをイタリック体で記し、続けてその英語訳をローマン体で［　　］内に書く。[7.02 28]
* 出版地は、アメリカ国内なら市と州名（abbreviation）を、アメリカ国外なら市と国名を記す。[6.30]
* 出版社は、Publishers, Co., Inc. 等は除くが、Books, Press 等は書く。[6.30]

2.　書籍の中に収録された論文 [7.02]

著者名．○（発行年）．○論文名．○In ○編集者名○ (Ed.)，書籍のタイトル○ (pp. ○ページ番号)．○出版地：○出版社．
Author's last name, ○ First name (I). ○ (Year). ○ Title of article. ○ In Editor's first name (I). ○ Editor's last name ○ (Ed.), ○ *Title of book* ○ (pp. ○ xxx–xxx). ○ Location: ○ Publisher.

> 例　Pecorari, D. (2001). Plagiarism and international students: How the English-speaking university responds. In D. Belcher & A. Hirvela (Eds.), *Linking literacies: Perspectives on L2 reading-writing connections* (pp. 229–245). Ann Arbor, MI: The University of Michigan Press.

* 編集者名は、ファーストネーム (I) やミドルネーム (I) を先に、ラストネームを後に書く（1 の場合とは名前の書き方の順序等が違うので注意）。編集者が 1 人の場合は (Ed.) と記し、複数の場合は (Eds.) と記す。
* 論文のタイトルも書籍のタイトルも、最初の単語の語頭と固有名詞以外はすべて小文字で書く。副題がある場合は、間に（：）［colon］を打ち、副題の最初の単語の語頭は大文字にする。

3.　学術雑誌に掲載された論文 [7.01]

著者名．○（発行年）．○論文の表題．○掲載雑誌名，○ 巻数，○ページ番号．
Author's last name, ○ First name (I). ○ (Year). ○ Title of article. ○ *Title of periodical,* ○ *Volume number,* ○ Page numbers.

> 例　Holster, T. A., & de Lint, D. F. (2012). Output tasks and vocabulary gains. *The Language Teacher, 36*(2), 3–10.

＊論文は、タイトルと副題の最初の単語の語頭と固有名詞以外はすべて小文字で書く。論文が掲載されている学術雑誌は、タイトルの内容語（名詞、動詞、形容詞、副詞など）の語頭はすべて大文字で書き、機能語（冠詞、前置詞など）は、雑誌名の最初に来る場合を除いて、すべて小文字で書く。[6.29]

＊同じ巻の各号が毎回1ページから始まる学術雑誌については、巻数の後に号数（issue number）を（　　）内に記す。この場合、巻数はイタリック体にするが、号数はイタリック体にしない。[6.30]

インターネット上で手に入る論文で最後にDOI［digital object identifier］がついている場合は、論文情報の後にDOIをつける。[7.01 1]

> 例　Shi, L. (2012). Rewriting and paraphrasing source texts in second language writing. *Journal of Second Language Writing, 21*, 134–148. doi: 10.1016/j.jslw.2012.03.003

インターネット上で手に入る論文でDOIがついていない場合は、論文情報の後にサイトのアドレスをつける。[7.01 8]

> 例　Sorokina, D., Gehrke, J., Warner, S., & Ginsparg, P. (2006). Plagiarism detection in arXiv. *Proceedings of the Sixth International Conference on Data Mining*, 1070–1075. Retrieved from http://arxiv.org/pdf/cs.DB/0702012

4.　インターネットサイト [7.11]

著者名.○（掲示日）.○サイトのタイトル.○［情報の形式］.○ Retrieved from ○サイトのアドレス

Author's last name, ○ First name (I). ○ (Year, ○ Month ○ Day). ○ Title of post ○ [Description of form]. ○ Retrieved from ○ http://www.xxxx

> 例　Council of Writing Program Administrators. (2003, January). Defining and avoiding plagiarism: The WPA statement on best practices. Retrieved from http://wpacouncil.org/positions/WPAplagiarism.pdf

＊著者名、掲示日、サイトのタイトル、サイトのアドレスの4つの情報を書く。著者名がわからない場合は、著者名の代わりにサイト名を書く。［　　］内は、情報が特別な形式の場合のみ書く。日付がわからない場合は、(n.d.) と書く。すべて

の情報が見つからなくても、わかる範囲の情報を書く。

＊特別な場合は、［Letter to the editor］［Special issue］［Monograph］［Abstract］［Audio podcast］［Data file］［Brochure］［Motion picture］［Lecture notes］［CD］［Computer software］［Video webcast］［Supplemental material］等である。[6.29]

5.　学会発表 [7.04]

発表者名．○（発表年月）．○発表のタイトル．○ Paper presented at ○学会のタイトル，○学会の行われた場所．
Presenter's last name, ○ First name (I). ○ (Year, ○ Month). ○ *Title of paper.* ○ Paper presented at the meeting of organization name, ○ Location.

> 例　Yoshimura, F. (2012, September). *How plagiarism is perceived and handled in Japanese universities.* Paper presented at JACET Convention 2012: The 51st International Convention, Nagoya, Japan.

6.　新聞記事 [7.01 10]

著者名．○（出版日）．○記事のタイトル．○新聞名，○ページ．
Author's last name, ○ First name (I). ○ (Year, ○ Month ○ day). ○ Title of article. ○ *Title of newspaper,* ○ p. ○ xx.

> 例　Maruko, M. (2012, July 31). Kindergartners get language boost with English immersion program. *The Japan Times,* p. 13.

オンライン上の新聞記事 [7.01 11]

> 例　Bronner, E. (2012, August 1). Partisan rifts hinder efforts to improve U.S. voting system. *The New York Times.* Retrieved from http://www.nytimes.com/

APA (6th edition) に従って書かれた論文のサンプル

> 　　　Krashen (1984) claims that "it is reading that gives the writer the 'feel' for the look and texture of reader-based prose" (p. 20). Hirvela (2004) agrees with Krashen by saying that reading supports writing through "meaningful input" (p. 110). Meaningful input includes not only facts but also details of how writers think through the problems they are addressing (Bolch & Chi, 1995) and of

the specific components that constitute writing (Hirvela, 2004). The components identified by Hirvela, that reading and writing share, are "common *rhetorical* or *organizational* patterns in target language writing (e.g., location of such staples of writing in English as thesis statements and topic sentences)," "*linguistic* features of writing (e.g., transitional words and phrases, the frequency of certain verb tenses in specific kinds of situations)," and "examining *lexical* as well as *stylistic* characteristics of writing (e.g., the use of informal and formal vocabulary in different circumstances)" (p. 115).

If one considers the constructs that reading and writing abilities share, it is plausible that practice in reading may promote the development of writing ability by giving practice in the underlying constructs and cognitive processes.

In addition, reading can support writing by changing the way one conceptualizes reading and writing from mere decoding or encoding into "acts of composing" (Tierney & Pearson, 1983, p. 568). Flower et al. (1990), prominent advocates of Constructivism, conceptualize reading and writing as processes for creating "mental representations" of texts (p. 146).

References

Bolch, J., & Chi, L. (1995). A comparison of the use of citations in Chinese and English discourse. In D. Belcher & G. Braine (Eds.), *Academic writing in a second language: Essays on research and pedagogy* (pp. 231–274). Norwood, NJ: Ablex.

Flower, L., Stein, V., Ackerman, J., Kantz, M. J., McCormick, K., & Peck, W. C. (1990). *Reading-to-write: Exploring a cognitive and social process.* New York, NY: Oxford University Press.

Hirvela, A. (2004). *Connecting reading and writing in second language writing instruction.* Ann Arbor, MI: The University of Michigan Press.

Krashen, S. D. (1984). *Writing: Research, theory, and applications.* Oxford, UK: Pergamon.

Tierney, R. J., & Pearson, P. D. (1983). Toward a composing model of reading. *Language Arts, 60,* 568–579.

(Yoshimura, 2009, pp. 45–46 より)

＊*APA* では文の終わりの句点の後は 2 文字分、文中の読点の後は 1 文字分スペースを空ける。[4.01]

C. *MLA Handbook* (7th edition) に則った引用のルール

　MLA (Modern Language Association) 方式は、主に人文学の分野で使われる論文の書き方である。文中における引用には、直接引用 (quotation)、言い換え (paraphrase)、要約 (summary) がある。下に MLA 方式に則った引用の方法を挙げたが、ここに記載できなかった事例については、*MLA Handbook for Writers of Research Papers*, 7th ed. を参照してほしい。なお、下の [　] 内の数字は、*MLA Handbook* (7th edition) の章番号を表す。

1. 直接引用 (quotation) の仕方 [6.3]

　文中では、著者のラストネームを書き、引用部分は引用符 (double quotation marks) で囲み、引用した部分のページ番号は (xx)、複数ページにまたがる場合は (xx–xx) と書くが、3桁以上のページ数が同じ場合、後半部分は (xyz–yz) と下2桁だけを記す。文中に著者名を入れなかった場合は、(　) の中に著者名とページ番号を記す。引用部分は、本文通りに正確に写すが、文脈にあわせて引用部分の最初の語の大文字と小文字の変更や最後の punctuation mark の変更は可能。

　　例　Bazerman claims that "almost every word and phrase we use we have heard or seen before" (83).

　　例　A researcher claims that "almost every word and phrase we use we have heard or seen before" (Bazerman 83).

引用部分に変更を加える場合

① 引用部分の中に引用部分がある場合は、中の double quotation marks を single quotation marks に変更する。[3.7.7]

　　例　Krashen claims that "it is reading that gives the writer the 'feel' for the look and texture of reader-based prose" (20).

② 引用部分を省略する場合は、省略部分にピリオドを3つ打ち、残りの引用部分につなげる。ピリオドの間は1スペース空ける。省略個所が一文の終わりに続く場合は、その文の句点分を含めて、ピリオドを4つ打つ。[3.7.5]

　　例　According to Leu, "in the Information age or post-information age ... literacy is essential to enable individuals, groups, and societies to access the best information in the shortest time" (746).

③ 原文に誤りがある場合は、間違いの語の後に (sic) をつける。sic は「原文のまま」の意。[3.7.6]
　　例　"The pajes (sic) on the Web utilize hypertext."

④ そのままでは原文の語句の指す意味が不明確な場合は、その後に [　] をつけ、何を指すか記す。[3.7.6]
　　例　"For them [FL learners], reading is often the main source of input."

⑤ ある部分を強調する場合は、強調部分をイタリック体にし、その後に (emphasis added) と記す。[3.7.6]
　　例　Grabe points out "two important *differences* (emphasis added) between reading and writing modalities" (58).

2. 直接引用 (quotation) で引用部分が長い場合 [6.3] [3.7.2]

引用部分が4行以上の場合は、引用部分は本文から切り離し、全体を左マージンから1インチ (10 スペース) 字下げ (indent) する。引用符 (" ") は使わない。
　　例　The idea is explained by Haas and Flower as follows:

> *Rhetorical strategies* take a step beyond the text itself. They are concerned with constructing a rhetorical situation for the text, trying to account for an author's purpose, context, and effect on the audience. In rhetorical reading strategies, readers use cues in the text, and their own knowledge of discourse situations, to recreate or infer the rhetorical situation of the text they are reading. (176)

3. 要約 (summary) する場合 [2.4] [2.5]

引用文献から得た情報やアイディアは、自分の言葉で要約しても出典を示さなければならない。その場合、引用符は用いず、文中に著者のラストネームを書き、ページ番号は、必要ならつける。
　　例　According to DeKeyser and Sokalski, practice is skill-specific. In their experiment, learners who had received comprehension practice improved more in comprehension, and learners who had received production practice improved more in production.

4. 言い換え（paraphrase）する場合 [2.4] [2.5]

引用文献から得た情報やアイディアは、自分の言葉で言い換えても出典を示さなければならない。その場合は、引用符は用いず、文中に著者のラストネームを書き、ページ番号はつけたほうがよい。

例　In mining, learners are expected not only to decode the text meaning passively, but to engage in the text actively in order to dig up valuable input for their own writing (Greene 36).

この文は、下の文章の内容を言い換えたものである。

"Whereas teachers often encourage a critical reading of individual texts as an end in itself, mining is part of an ongoing effort to learn specific rhetorical and linguistic conventions. The strategies student observe in reading can become part of their own repertoire for writing on different occasions" (Greene 36).

5. 二次情報源から情報をとった場合 [6.4.7]

一次情報源の著者のラストネームを書き、（　　）内には、qtd. in (quoted in の略) の後に二次情報源の著者名とページ番号を書く。一次情報源は note として記載してもよい。[6.5.1]

例　Hacker defined patchwriting as "paraphrasing the source's language too closely" (qtd. in Howard: 799).

著者の書き方

（1）著者名は、初出のときには全部の情報を正確に原文通りに書き、2回目以降はラストネームのみを書く。[3.4.1] [6.3]

著者が2人以上の場合は、タイトルページに書いてある順に書く。著者が2人の場合、文中でも（　　）の中でも and を使う。著者が3人以上の場合、著者の間にカンマとスペースを、最後の著者との間にはさらに and とスペースを入れる。4人以上の場合は、全員の名前を書いてもよいし、第一著者以下は、et al. や and others と書いてもよい。[5.5.4]

2人の場合

例　Pecorari and Shaw define intertextuality as "the relationship between two or more texts" (149).

例　Intertextuality is defined as "the relationship between two or more texts" (Pecorari and Shaw 149).

3人の場合
- 例　A group of researchers investigated how ESL undergraduate students tackled a reading-to write task (Newell, Garriga, and Peterson).

4人の場合
- 例　A plagiarism detection procedure was discussed (Sorokina, Gehrke, Warner, and Ginsparg).
- 例　A plagiarism detection procedure was discussed (Sorokina, et al.).

(2)　著者がグループ名の場合は、テキスト中にグループ名の正式名称を書き、その後にページを記すのがよい。(　)内には、一般に通用しているグループ名の省略形を使う。[6.4.5]
- 例　The Japan Association of College English Teachers conducted a survey (218).
- 例　A survey was conducted (JACET 218).

(3)　著者名がわからない場合は、タイトルかタイトルの省略形を書く。[6.4.4]
- 例　Plagiarism is difficult to define ("We Want to Know" 8).

出典は、"We Want to Know: How Do You Define Plagiarism?" *Council Chronicle* 3.2 Nov. 1993: 8. Print. のように書く。

(4)　一度に複数の文献を挙げる場合は、参考文献表の順(著者のラストネームのアルファベット順)に記載する。文献と文献の間にはセミコロン(;)を打つ。[6.4.9]
- 例　Thus, previous research has suggested that some ways of reading are likely to promote the development of writing ability (Carrell and Conner; Greene, "Exploring"; Greene, "Making Sense"; Haas and Flower).
- 例　(Hirvela 110; Krashen 20)

MLA Handook (7th edition) に則った参考文献表の書き方

　引用した文献の詳細を参考文献表に書くことで、読者はその文献を入手し情報を確かめることができる。したがって、参考文献表の記載のさいには、注意して正確な情報を記すこと。下に代表的な場合を書いたが、ここに記載していない場合については、*MLA Handbook for Writers of Research Papers*, 7th ed. を参照してほしい。

　参考文献表には、Works Cited というタイトルをつけ、著者のラストネームのアルファベット順に文献情報を記載する。行間は、本文と同じ行間を用いる。リサーチペーパーの場合は、ダブルスペースを用いる。1つの文献情報が2行以上にわたる場合は、2行目以降は、0.5インチ字下げする。[5.3.1] [5.3.2] [5.3.3]

＊同一著者の著書を複数書く場合は、2つ目以降は、個人の名前を3つのハイフンとする。その著書の編集した書籍や翻訳した書籍がある場合は、---, ed. や ---, trans. のように書く。その著者が、複数著者による著書や論文の第一著者や第一編集者の場合は、3つのハイフンではなく、フルネームを書く。例 Belcher, Diane, and Alan Hirvela, eds. [5.3.4]

> 例　Belcher, Diane. "English for Specific Purposes: Teaching to Perceived Needs and Imagined Futures in Worlds of Work, Study, and Everyday Life." *TESOL Quarterly* 40 (2006): 133–56. Print.
>
> ---. "Seeking Acceptance in an English-Only Research World." *Journal of Second Language Writing* 16.1 (2007): 1–22. Print.
>
> ---, ed. *English for Specific Purposes in Theory and Practice*. Ann Arbor: U of Michigan P, 2009. Print.

1. 書籍 [5.5.1] [5.5.2]

著者名.○書籍のタイトル.○出版地:○出版社,○発行年.○出版媒体.
Author's Last Name, ○ First Name. ○ *Title of Book*. ○ Location: ○ Publisher, ○ Year. ○ Print.

> ＊○は1スペース空けるの意味。以下、すべて同じ。

> 例　Harvey, Gordon. *Writing with Sources: A Guide for Students*, 2nd ed. Indianapolis: Hackett, 2008. Print

> 例　Suzuki, Takao. *Kotoba to Bunka* [*Language and Culture*]. Tokyo: Iwanami Shoten, 1973. Print.

> 例　Belcher, Diane and Alan Hirvela, eds. *Linking Literacies: Perspectives on L2 Reading-Writing Connections*. Ann Arbor: U of Michigan P, 2001. Print.

＊著者や編集者が複数いる場合は、第一著者はラストネーム、ファーストネームの順に記し、2番目以降の著者はフルネームをそのまま記す。
＊著者名がわからない場合は、書籍のタイトルや書籍を出版したグループ名を著者名の代わりに記す。[5.5.5]
＊編集された書籍の場合は、著者名の部分に編者の名前を書き、名前の後に ed. をつける。[5.5.3]
> 例　Bazerman, Charles, ed.
> 例　Lathrop, Ann and Kathleen Foss, eds.

＊出版年がわからない場合は、n.d. [no date の意] と記す。[5.5.24]

* 書籍のタイトルにはイタリック体を用い、最初の語は大文字で始め、その他の語も名詞・代名詞・動詞・形容詞・副詞・従属接続詞（After, As If, Because, When など）は大文字で始める。冠詞・前置詞・等位接続詞（and, but, or など）・不定詞の to は大文字にしない。[3.6.1] [3.6.2]

* 書籍でも特定の版（edition）や特定の巻（volume）の場合は、書籍のタイトルの後にピリオドを打ち、3rd ed.［third edition の意］、Vol. 5 と何版かや何巻かを記す。[5.5.14]

* 書籍のタイトルが英語以外の言語で書かれている場合は、原書のタイトルを原語で記し、続けてその英語訳をイタリック体で［　］内に書く。[5.5.22]

* 出版地は、市名を記す。[7.5]

* 出版社は、冠詞（a, an, the）や、Co, Corp., Inc., Ltd., Books, House, Press, Publishers などは除き、特定するために必要最小限の情報を書くが、University Press だけは、Ohio UP や U of Michigan P のように UP ないしは、U, P を用いる。[7.5]

2. 書籍の中に収録された論文 [5.5.6]

著者名.〇"論文名."〇*書籍のタイトル*.〇Ed.〇編集者名.〇出版地:〇出版社,〇出版年.〇ページ番号.〇出版媒体.
Author's Last Name, 〇 First Name. 〇 "Title of Article." 〇 *Title of Book*. 〇 Ed. 〇 Editor' First Name 〇 Editor's Last Name. 〇 Location: 〇 Publisher, 〇 Year. 〇 xxx–xxx. 〇 Print.

> 例　Pecorari, Diane. "Plagiarism and International Students: How the English-Speaking University Responds." *Linking Literacies: Perspectives on L2 Reading-Writing Connections*. Ed. Diane Belcher and Alan Hirvela. Ann Arbor: U of Michigan P, 2001. 229–45. Print.

* 編集者名は、Ed.（Edited by の意味）や Comp.（Compiled by の意味）の後に、ファーストネームやミドルネームを先に、ラストネームを後に書く。

* 論文のタイトルは最初の語は大文字で始め、その他の語も名詞・代名詞・動詞・形容詞・副詞・従属接続詞（After, As If, Because, When など）は大文字で始める。冠詞・前置詞・等位接続詞（and, but, or など）・不定詞の to は大文字にしない。副題がある場合は、間に（：）［colon］を打つ。[3.6.1] [3.6.3]

* 書籍のタイトルにはイタリック体を用い、その他の表記法は上記の「書籍のタイトル」に同じ。[3.6.1] [3.6.2]

3. 学術雑誌に掲載された論文 [5.4.1] [5.4.2]

著者名. ○ "表題." ○掲載雑誌名○巻数○(出版年): ○ページ番号. ○出版媒体.
Author's Last Name, ○ First Name. ○ "Title of Article." ○ *Title of Periodical* ○ Volume Number ○ (Year): ○ Page Numbers. ○ Print.

> 例　Holster, Trevor A. and Darcy F. de Lint. "Output Tasks and Vocabulary Gains." *Language Teacher* 36.2 (2012): 3–10. Print.

*論文のタイトルは最初の語は大文字で始め、その他の語も名詞・代名詞・動詞・形容詞・副詞・従属接続詞（After, As If, Because, When など）は大文字で始める。冠詞・前置詞・等位接続詞（and, but, or など）・不定詞の to は大文字にしない。副題がある場合は、間に（：）［colon］を打つ。[3.6.1] [3.6.3]

*学術雑誌のタイトルにはイタリック体を用い、その他の表記法は上記の「書籍のタイトル」に同じ。[3.6.1] [3.6.2] タイトルの最初の冠詞は省略する。[5.4.2]

4. インターネットサイト [5.6.1] [5.6.2]

著者名. ○ "作品名." ○サイトのタイトル. ○何版か. ○出版社かサイト管理者名, ○出版日. ○出版媒体. ○アクセス日.
Author's Last Name, ○ First Name. ○ "Title of the Work". ○ *Title of the Overall Web Sites*. Version or Edition. ○ Publisher or Sponsor of the Site, ○ Date of Publication. ○ Web. ○ Date of Access (Day ○ Month ○ Year).

> 例　"Defining and Avoiding Plagiarism: The WPA Statement on Best Practices." *Council of Writing Program Administrators*. Jan. 2003. Web. 10 Dec. 2012.

*MLA Handbook（7th edition）においては、サイトのアドレスを記載しないことになっている。それは、タイトルや著者名検索のほうが一般的であるためである。そして、ネット上の情報は変更されるため、自分がその情報にアクセスした日を書き、そのページをダウンロードすることを勧めている。著者名がわからない場合は、著者名の代わりに作品名を書く。作品名が無い場合には、引用符もつけずイタリックにもせず、Home page, Introduction, Online posting のような表現で記す。May, June, July 以外の月名は、abbreviation を使う。[7.2] すべての情報が見つからない場合は、わかる範囲の情報を記載する。

5. 口頭発表 [5.7.11]

発表者名. ○ "発表のタイトル." ○会議かスポンサー名. ○会議の行われた場所. ○発

付　　録

表の日付. ○発表形態.
Presenter's Last Name, ○ First Name. ○ "Title of Presentation." ○ Meeting and Sponsoring Organization. ○ Location. ○ Date. ○ Form of Delivery.

> 例　Yoshimura, Fumiko. "How Plagiarism is Perceived and Handled in Japanese Universities." JACET Convention 2012: The 51st International Convention. Nagoya, Japan. 1 Sept. 2012. Address.

＊発表形態には、Address, Lecture, Keynote speech, Reading がある。

6.　新聞記事 [5.4.5]

著者名. ○ "記事のタイトル." ○*新聞名*○日付: ○ページ. ○出版媒体.
Author's Last Name, ○ First Name. ○ "Title of Article." ○ *Title of Newspaper* ○ Date: ○ xx. ○ Print.

> 例　Maruko, Mami. "Kindergartners Get Language Boost with English Immersion Program." *Japan Times* 31 July 2012: 13. Print.

＊新聞名の最初の冠詞 (a, an, the) は省略する。オンライン上の新聞も同じ。

オンライン上の新聞記事 [5.6.2]

著者名. ○ "記事のタイトル." ○*新聞名*, ○日付. ○出版媒体. ○アクセスした日.
Author's Last Name, ○ First Name. ○ "Title of Article." ○ *Title of Newspaper*, ○ Date. ○ Web. ○ Date of Access.

> 例　Bronner, Ethan. "Partisan Rifts Hinder Efforts to Improve U.S. Voting System." *New York Times*, 1 Aug. 2012. Web. 15 Aug. 2012.

MLA Handook (7th edition) に従って書かれた論文のサンプル

> 　　　Krashen claims that "it is reading that gives the writer the 'feel' for the look and texture of reader-based prose" (20). Hirvela agrees with Krashen by saying that reading supports writing through "meaningful input" (110). Meaningful input includes not only facts but also details of how writers think through the problems they are addressing (Bolch and Chi), and of the specific components that constitute writing (Hirvela). The components identified by Hirvera, that reading and writing share, are "common *rhetorical* or *organizational* patterns in target language writing (e.g., location of such staples of writing in English as thesis statements and topic sentences)," "*linguistic* features of writing (e.g.,

transitional words and phrases, the frequency of certain verb tenses in specific kinds of situations)," and "examining *lexical* as well as *stylistic* characteristics of writing (e.g., the use of informal and formal vocabulary in different circumstances)" (115).

If one considers the constructs that reading and writing abilities share, it is plausible that practice in reading may promote the development of writing ability by giving practice in the underlying constructs and cognitive processes.

In addition, reading can support writing by changing the way one conceptualizes reading and writing from mere decoding or encoding into "acts of composing" (Tierney and Pearson 568). Flower et al., prominent advocates of Constructivism, conceptualize reading and writing as processes for creating "mental representations" of texts (146).

Works Cited

Bolch, Joel and Lan Chi. "A Comparison of the Use of Citations in Chinese and English Discourse." *Academic Writing in a Second Language: Essays on Research and Pedagogy*. Ed. Diane Belcher and George Braine. Norwood: Ablex, 1995. 231–74. Print.

Flower, Linda, Victoria Stein, John Ackerman, Margaret J. Kantz, Kathleen McCormick, and Wayne C. Peck. *Reading-to-Write: Exploring a Cognitive and Social Process*. New York: Oxford UP, 1990. Print.

Hirvela, Alan. *Connecting Reading and Writing in Second Language Writing Instruction*. Ann Arbor: U of Michigan P, 2004. Print.

Krashen, Stephen D. *Writing: Research, Theory, and Applications*. Oxford: Pergamon, 1984. Print.

Tierney, Robert J. and P. David Pearson. "Toward a Composing Model of Reading." *Language Arts* 60 (1983): 568–79. Print.

(Yoshimura 45–46 より)

＊*MLA* では、文の終わりの句点の後も、文中の読点の後も1文字分スペースを空ける。[3.2.12]

D. *CMS* (16th edition) に則った引用のルール

CMS (*The Chicago Manual of Style*) は、人文科学から自然科学まで幅広い分野で使われる論文の書き方である。*CMS* には、主要な2つの引用方式が掲載されている。(1) 注と目録 (notes and bibliography) を用いる方式 (以下、(1) Bibliography) と、(2) 括弧に著者名と出版年を記載する (parenthetical author-date references) 方式 (以下、(2) References) である。[　　] 内の数字は、*CMS* (16th edition) (University of Chicago Press, 2010) の章番号を表す。

(1) Bibliography は、文中で参照した箇所に上付き数字をつけて引用であることを示す。脚注 (footnote) と後注 (endnote) のどちらか、または両方と、参考文献表 (Bibliography) を用いて、自由に引用文献の書誌情報やコメントを記載することができる。主に文学、歴史学、芸術分野で広く採用されている。[14.2]

(2) References は、文中の参照した箇所に括弧をつけて著者と出版年、必要に応じてページ番号を示し、参考文献表 (References) に書誌情報を記す。脚注や後注を用いる場合もあり、自然科学や社会科学分野で採用されることが多い。[15.5]

1. 直接引用 (quotation) の仕方

文中で引用する部分は引用符 (double quotation marks) で囲む。引用部分は本文を正確に写さなければならないが、文脈にあわせて引用部分の最初の語の大文字と小文字を変更してもよい。[13.13]

(1) Bibliography: 上付き数字

文中では、引用部分の直後に上付き数字をつける。ピリオドや引用符、括弧の後につけるが、特定の語句に付ける場合は括弧の中に入れることもある [14.21]。数字は1からはじまる連続番号とし、章ごとに改めて1からはじめる [14.20]。同一の場所に複数の参照番号を付与せず (例[5,6])、1つの番号で複数の引用を記す [14.23]。数字は注に対応させ、注で言及した引用文献の一覧表を Bibliography として本文の最後に示す。

　例　A researcher claims that "almost every word and phrase we use we have heard or seen before."[1]

(2) References：（著者名　出版年 [, ページ数]）[15.5–9]
　　文中では、引用を行ったセンテンスの末尾のカンマやピリオドの前に（　　）を入れ、著者のラストネームと出版年、必要に応じてページ番号を記す。ただし、ブロック引用の場合はピリオドの後に（　　）を記す。著者名に編者や翻訳者といった語句は含めない。
　　本文中に著者名を書く場合は、著者名の直後またはセンテンスの末尾に（　　）を挿入し、出版年と、必要ならばページ番号を記す。
　　引用した部分のページ番号を入れる場合は、出版年の後にカンマとスペースを入れてページ番号（xx）を記し、複数ページにまたがる場合は（xx–xx）とする。同一のパラグラフで同じ文献を複数回引用する場合は、2 回目以降はページ番号（xx）のみ記せばよい。[15.26]
　　なお、同じラストネームを持つ著者が 2 名以上いる場合はファーストネームのイニシャルを含め、さらに必要ならばファーストネーム全体を含める [15.21]。また、巻号やセクションなどの情報を含めてもよい [15.22]。
　　例　A researcher claims that "almost every word and phrase we use we have heard or seen before" (Bazerman 2004, 83).

引用部分に変更を加える場合
① 　引用部分の中に引用がある場合は、中の double quotation marks を single quotation marks に変更する。[13.7]
　　　例　Krashen (1984, 20) claims that "it is reading that gives the writer the 'feel' for the look and texture of reader-based prose."

② 　引用部分を省略する場合は、省略部分にピリオドを 3 つ打ち、残りの引用部分につなげる。ピリオドの間は 1 スペース空ける。省略個所が一文の終わりに続く場合は、その文の句点分を含めて、ピリオドを 4 つ打つ。[13.51]
　　　例　According to Leu (2000, 746), "in the Information age or post-information age ... literacy is essential to enable individuals, groups, and societies to access the best information in the shortest time."

③ 　原文に誤りがある場合は、誤りの後に [*sic*] をつける（sic は「原文のまま」の意）[13.59]。ただし、明らかなタイプミスの場合は、コメントや [*sic*] を付けずに修正してよい [13.7]。
　　　例　"The pajes [*sic*] on the Web utilize hypertext."

④ 　そのままでは原文の語句の指す意味が不明確な場合は、その後に [　　] をつ

付　　録

　　　　　け、何を指すか記す。[13.58]
　　　　　　例　"For them [FL learners], reading is often the main source of input."

　⑤　ある部分を強調する場合は、強調部分をイタリック体にし、その直後、または（著者名　出版年, ページ）の後にセミコロンを付けて [emphasis added] [italics mine] 等と記す。[13.60]
　　　　　　例　Grabe points out "two important *differences* [emphasis added] between reading and writing modalities."[1]
　　　　　　例　Grabe points out "two important *differences* between reading and writing modalities"（2002, 58; italics mine）.

2.　直接引用（quotation）で引用部分が長い場合

　引用部分が100語以上（一般に、6から8行以上）の場合、ブロック引用（block quotations）にする。

　引用符を使わず新しい行から書き始め、全体を左マージン（右マージンの場合もある）から字下げ（indent）して本文と区別する。あるいは本文より小さいフォントや異なるフォントを使う [13.9–10]。引用直後に (2) Reference 方式で（著者名　出版年, ページ）を示すさいは、ブロック引用の末尾のピリオドの後に入れる [13.21]。ブロック引用に続けて本文を書くさいは、行間を空けたほうがよい [13.22]。

　引用部分が2段落以上の場合は、短くてもブロック引用にするほうがよい。2段落目以降の冒頭は、さらに字下げする。また、開始段落を省略する場合は、左端から書き始め、省略記号（...）を冒頭につける [13.20]。長いブロック引用を始める場合は、数語を本文に記してからブロック引用に続ける [13.21]。

　　例　"*Rhetorical strategies*," explain Haas and Flower,

　　　　　take a step beyond the text itself. They are concerned with constructing a rhetorical situation for the text, trying to account for an author's purpose, context, and effect on the audience. In rhetorical reading strategies, readers use cues in the text, and their own knowledge of discourse situations, to recreate or infer the rhetorical situation of the text they are reading. (1988, 176)

3.　要約（summary）する場合

　議論を展開するために他人の意見を使用する場合は、引用元の言葉やアイディア

を明確に記さなければならない。そのさい、引用と同様に注（(1) Bibliography）や括弧入りの参照方法（(2) References）を用いて明確に出典を示す［13.3］。なお、一般的な知識については引用の形を取らずに記載してよい［13.5］。

4. 言い換え（paraphrase）する場合

　引用が長すぎると読み飛ばされてしまうので、直接引用するより読みやすいと思われる場合は適切に言い換える［13.4］。言い換えた場合にも、引用と同様に注（(1) Bibliography）や括弧入りの参照方法（(2) References）を用いて明確に出典を示さなければならない［13.3］。なお、著作権の理念では、言い換えにおける原文からの長い借用は盗用とみなされる［4.82］。

5. 二次情報源から情報をとった場合

　本文中では、（　）内に quoted in と書き、続けて二次情報源の著者名、発行年（およびページ数）を記す。参考文献表には二次情報源を書く。注を使って一次情報源を示す場合は、一次情報源の後に "quoted in" と書き、続けて二次情報源を書く。［14.273］［15.52］

　例　Hacker defined patchwriting as "paraphrasing the source's language too closely" (quoted in Howard 1995, 799).

著者の書き方

(1) 　著者が 2 人の場合、文中でも（　）の中でも and を使う。［15.9］
　例　Intertextuality is defined as "the relationship between two or more texts" (Pecorari and Shaw 2012, 149).

(2) 　著者が 3 人の場合、（　）の中では 1, 2, 3 人目の間にカンマとスペースが入り、さらに、2, 3 人目の間には and とスペースが入る。［15.9］
　例　A group of researchers investigated how ESL undergraduate students tackled a reading-to write task (Newell, Garriga, and Peterson 2006).

(3) 　著者が 4 人以上の場合、（　）の中では第一著者に続けて et al. をつける［15.9］。一般に、参考文献表では 10 名までの著者は省略せずにフルネームを記す（自然科学分野では 10 名以上の共著者がいる場合もあり、掲載誌によって記載方法が異なる。たとえば *American Naturalist* では 7 名まで記載して et al. をつける）

[14.76]。

　　例　(Geisler et al. 2001, 269-308)

(4)　著者がグループ名の場合、文中で初出のときは正式名称を略さずに書くほうがよいが、通常、2回目以降や、（　）の中では略称を使って以下のように書く [10.24] [14.92] [15.36]。

　　例　本文：JACET (The Japan Association of College English Teachers) conducted a survey.
　　例　本文：A survey was conducted (JACET 2010).
　　例　参考文献表：JACET (The Japan Association of College English Teachers) ...

(5)　著者名がわからない場合は、冠詞（aやthe）をのぞいてタイトルを数語書く。参考文献表は、タイトルから書きはじめ、冠詞をのぞいてアルファベット順に配列する。[14.79] [15.32]

　　例　本文：Plagiarism is difficult to define (We Want to Know 1993, 8).
　　例　参考文献表："We Want to Know: How Do You Define Plagiarism?" *Council Chronicle* 3, no. 2 (1993): 8.

(6)　一度に複数の文献を挙げる場合は、文献の著者のラストネームと出版年を記載する。特に指定がなければ、アルファベット順、年代順、重要性などで適宜排列する。著者名と出版年の間にはスペースを入れ、文献と文献の間にはセミコロン（；）とスペースを入れる [15.29]。

　　例　Thus, previous research has suggested that some ways of reading are likely to promote the development of writing ability (Carrell and Conner 1991; Greene 1993; Greene 1995; Haas and Flower 1988).

CMS (16th edition) に則った参考文献表の書き方

　参考文献表に引用した文献の詳細を書く目的は、倫理、著作権、そして、著者が直接引用したり言い換えたりした原典を読者が入手し確かめられるようにとの読者への配慮のためでもある。[14.1]。したがって、参考文献の記載のさいには、注意して正確な情報を記すこと。以下に代表的な例を書いたが、ここに記載していない場合については、*CMS* (16th edition) を参照してほしい。

　参考文献表は、著者のラストネームのアルファベット順に文献情報を記載する。1つの文献情報が2行以上にわたる場合、2行目以降は字下げ（a hanging indent）する。

＊同一著者の場合は、出版年の古い順に記載する。同一著者に単一著書と共著がある場合は、単一著書を先に書く。出版年は、同一著者の文献が同じ年に出版されている場合は 2010a, 2010b のように a, b, c をつけて区別する [15.19]。また、2回目以降は個人の名前を省略して 3-em dash（2 つのハイフンで em dash なので、6 つのハイフンの長さのダッシュ）とする [15.17]。さらに編集や訳などの役割がある場合は、ダッシュの後にコンマを打って記載する [15.18]。

 例 Belcher, Diane. 2006. "English for Specific Purposes: Teaching to Perceived Needs and Imagined Futures in Worlds of Work, Study, and Everyday Life." *TESOL Quarterly* 40: 133–56.

   ———. 2007. "Seeking Acceptance in an English-Only Research World." *Journal of Second Language Writing* 16 (1): 1–22.

   ———, ed. 2009. *English for Specific Purposes in Theory and Practice*. Ann Arbor, MI: University of Michigan Press.

＊著者が複数いる場合は、第一著者は "ラストネーム, ファーストネーム" の順に記し、2 番目以降の著者はフルネームをそのまま記す。著者の名前の間にはカンマを打ち、最後の著者の前にはさらに and を加える。

#1st Author's Last Name, ○ First Name, ○ #2nd Author's First & Last Names [, ○ . . .], ○ and ○ #last Author's First & Last Names. ○ Year . . . .

 例 Flower, Linda, Victoria Stein, John Ackerman, Margaret J. Kantz, Kathleen McCormick, and Wayne C. Peck. 1990. *Reading-to-Write: Exploring a Cognitive and Social Process*. New York, NY: Oxford University Press.

＊英語のタイトルとサブタイトルは、基本的にヘッドラインスタイル（headline-style capitalization）で記す。すなわち、内容語（名詞、動詞、形容詞、副詞など）の語頭は大文字で書き、機能語（冠詞、前置詞など）は小文字で書く [14.95]。ただし、タイトルが英語以外の言語で書かれている場合は、英訳タイトル（ローマン体にする）を [ ] に入れて、最初の単語の語頭と固有名詞のみを大文字にするセンテンススタイル（sentence-style）で書く [11.3]。

参考文献表は (1) の場合は Bibliography、(2) の場合は References または Literature Cited というタイトルをつける [15.10]。なお、(1) では、すべての引用文献を挙げる「Full bibliography」のほか、コメントや説明とともに記す「主要文献: Selected bibliography」「注釈付き目録: Annotated bibliography」「エッセイ付き目録: Bibliographic essay」「単一著者の目録: List of works by one author」を選ぶことができる [14.59]。

 (1) Bibliography と (2) References の書き方は、発行年の位置などが異なるため、それぞれの書き方を示す。

付　　録

【Bibliography 方式による参考文献表の書き方】

1.　書籍 [14.14] [14.18]

著者名. ○書籍のタイトル. ○出版地: ○出版社, ○発行年.
Author's Last Name, ○ First Name. ○ *Title of Book*. ○ Location: ○ Publisher, ○ Year.

　　*○は1スペース空ける。以下、すべて同じ。

| 例 | Harvey, Gordon. *Writing with Sources: A Guide for Sudents*. 2nd ed. Indianapolis, IN: Hackett, 2008. |

| 例 | Suzuki, Takao. *Kotoba to Bunka* [Language and culture]. Tokyo, Japan: Iwanami Shoten, 1973. |

| 例 | Belcher, Diane, and Alan Hirvela, eds. *Linking Literacies: Perspectives on L2 Reading-Writing Connections*. Ann Arbor, MI: The University of Michigan Press, 2001. |

＊著者名がわからない場合は、書籍のタイトルや書籍を出版したグループ名を著者名の代わりに記す。
＊編集された書籍の場合は、著者名の部分に編者の名前を書き、名前の後にカンマとスペースを入れて ed. をつける。編者が複数の場合は、eds. をつける [14.76]。
　　例　Bazerman, Charles, ed.
　　例　Lathrop, Ann, and Kathleen Foss, eds.
＊出版年がわからない場合は、n.d. [no date の意] と記す [14.152]。出版予定の場合は、forthcoming と記す [14.153]。
＊書籍のタイトルにはイタリック体を用い、ヘッドラインスタイルで書く [8.157] [14.95]。副題がある場合は、間に（:）[colon] を打ち [14.97]、2 番目の副題の前には（;）[semi colon] を打つ [14.98]。
＊書籍のタイトルが疑問符（?）や感嘆符（!）で終わっている場合は、ピリオドを打たない。[14.105]
＊書籍で特定の版（edition）を引用する場合は、書籍のタイトルとピリオドに続けて何版かを記し、ピリオドを打つ。例えば、3rd ed. [third edition の意]、rev. ed. [revised edition の意] など。[14.118]
＊書籍で特定の巻（volume）の場合は、書籍のタイトルとピリオドに続けて巻を示し、シリーズ名などを記すか、先にシリーズ名を示してから引用した巻を記す。[14.126]

例　*Friction, Lubrication, and Wear Technology.* Vol. 18, of *ASM Handbook.*

例　*ASM Handbook.* Vol. 18, *Friction, Lubrication, and Wear Technology.*

＊書籍で複数の巻をすべて引用する場合は、書籍のタイトルとピリオドに続けて引用した巻数を vols. で示す。[14.122]

例　*Handbook of Reading Research.* 4 vols.

＊書籍のタイトルが英語以外の言語で書かれている場合は、原書のタイトルをイタリック体で記し、続けてその英語訳をローマン体、およびセンテンススタイルで [　] 内に書く。[14.108]

＊出版地は、アメリカ国内の場合は市を、ただし無名または同名の都市と混同する場合は州の略語をカンマに続けて記す。アメリカ国外の市名は英語表記で書く。[14.135–37]

2.　書籍の中に収録された論文 [14.18][14.112]

著者名. ○ "論文名." ○ In ○ 書籍のタイトル, ○ edited by ○ 編集者名, ○ ページ番号. ○ 出版地: ○ 出版社, ○ 発行年.
Author's Last Name, ○ First Name. ○ "Title of Article." ○ In ○ *Title of Book*, ○ edited by ○ Editor's First Name ○ Editor's Last Name, ○ xxx–xxx. ○ Location: ○ Publisher, ○ Year.

> 例　Pecorari, Diane. "Plagiarism and International Students: How the English-Speaking University Responds." In *Linking Literacies: Perspectives on L2 Reading-Writing Connections*, edited by Diane Belcher and Alan Hirvela, 229–45. Ann Arbor, MI: The University of Michigan Press, 2001.

＊編集者名は、edited by に続けてファーストネームやミドルネームを先に、ラストネームを後に書く。

＊論文のタイトルは（"　"）に入れてローマン体で、書籍のタイトルはイタリック体で書く。副題がある場合は、間に（：）[colon] を打つ。

3.　学術雑誌に掲載された論文

著者名. ○ "論文名." ○ 掲載雑誌名 ○ 巻数 ○（発行年）: ○ ページ番号.
Author's Last Name, ○ First Name. ○ "Title of Article." ○ *Title of Periodical* ○ Volume Number [, ○ no. ○ (Issue Number)] ○ (Year): ○ Page Numbers.

> 例　Holster, Trevor A., and Darcy F. de Lint. "Output Tasks and Vocabulary Gains." *Language Teacher* 36, no. 2（2012）: 3–10.

付　　録

＊論文のタイトルは" "に入れてローマン体で、論文が掲載されている学術雑誌のタイトルはイタリック体で記す。[14.177] 学術雑誌のタイトルは、ヘッドラインスタイルで記述する。先頭の The を除いて、通常はフルタイトルを記載する。英語以外の場合は、冠詞も省略せずにそのまま書く。(例 *Die Musikforschung*) [14.179]

＊巻番号は掲載雑誌名の後にスペースを入れて記す (雑誌名の後にピリオドは打たない)。号数 (issue number) がある場合は、カンマ、スペースの後に no. とスペースを入れて記入する。出版年は続けて ( ) 内に記すが、その前に月などの情報を記すこともできる。

> 例　*Language Teacher* 36 (2002): 3–10.
> 例　*Language Teacher* 36, no. 2 (2002): 3–10.
> 例　*Language Teacher* 36, no. 2 (March 2002): 3–10.

インターネット上で手に入る論文で DOI [digital object identifier] がついている場合は、論文情報の後に DOI をつける。[14.178]

> 例　Shi, Ling. "Rewriting and Paraphrasing Source Texts in Second Language Writing." *Journal of Second Language Writing* 21 (2012): 134–48. doi:10.1016/j.jslw.2012.03.003.

インターネット上で手に入る論文で最後に DOI がついていない場合は、論文情報の後にアドレスをつける。[14.184]

> 例　Sorokina, Daria, Johannes Gehrke, Simeon Warner, and Paul Ginsparg. "Plagiarism Detection in arXiv." *Proceedings of the Sixth International Conference on Data Mining* (2006): 1070–75. http://arxiv.org/pdf/cs.DB/0702012.

4.　インターネットサイト [14.245]

著者名. ◯ "サイトのタイトル." ◯ 掲示日. ◯ サイトのアドレス.
Author's Last Name, ◯ First Name. ◯ "Title of Post." ◯ Month ◯ Day, ◯ Year. ◯ http://www.xxxx.

> 例　Council of Writing Program Administrators. "Defining and Avoiding Plagiarism: The WPA Statement on Best Practices." January, 2003. http://wpacouncil.org/positions/WPAplagiarism.pdf

＊著者、サイトのタイトル、掲示日、サイトのアドレスの4つの情報を記載する。著者名がわからない場合は、著者名の代わりにサイト名やスポンサー名を書く。

＊掲示日や Last modified [最終更新日] がわからない場合は、Accessed [最終アクセス日] などの日付を記す。なるべく n.d. [no date] は使わない。

5. 学会発表 [14.226]

発表者名. ○ " 発表のタイトル." ○ Paper presented at ○学会のタイトル, ○学会の行われた場所, ○発表年月.
Presenter's Last Name, ○ First Name. ○ "Title of Paper." ○ Paper presented at the Meeting of Organization Name, ○ Location, ○ Date of the Meeting [Month ○ Year].

> 例　Yoshimura, Fumiko. "How Plagiarism is Perceived and Handled in Japanese Universities." Paper presented at JACET Convention 2012: The 51st International Convention, Nagoya, Japan, September 2012.

＊参考文献表には発表日を記載しないが、注記（Notes）には [Month ○ Date, ○ Year] を記載する。

6. 新聞記事 [14.203]

著者名. ○ "記事のタイトル." ○新聞名, ○出版年月日, ○ページ.
Author's Last Name, ○ First Name. ○ "Title of Article." ○ *Title of Newspaper*, ○ Month ○ Day, ○ Year, ○ xx.

> 例　Maruko, Mami. "Kindergartners Get Language Boost with English Immersion Program." *Japan Times*, July 31, 2012, 3.

＊新聞名の The は除くが [14.210]、英語以外の場合は冠詞を残す [14.211]。
　　例　Le Monde
＊新聞記事の書誌情報は、参考文献表よりも注や本文中に（　）に入れてカンマ区切りで示すほうが一般的である [14.206]。
　　例　Mami Maruko describes that "..." (*Japan Times*, July 31, 2012).

オンライン上の新聞記事

> 例　Bronner, Ethan. "Partisan Rifts Hinder Efforts to Improve U.S. Voting System." *New York Times*, August 1, 2012. http://www.nytimes.com/

＊サイトのアドレスは、短縮して最初のスラッシュまででもよい。

CMS (1) Bibliography に従って書かれた論文のサンプル

Krashen claims that "it is reading that gives the writer the 'feel' for the look and texture of reader-based prose."[1] Hirvela agrees with Krashen by saying that reading supports writing through "meaningful input."[2] Meaningful input includes not only facts but also details of how writers think through the problems they are addressing[3], and of the specific components that constitute writing.[4] The components identified by Hirvela, that reading and writing share, are "common *rhetorical* or *organizational* patterns in target language writing (e.g., location of such staples of writing in English as thesis statements and topic sentences)", "*linguistic* features of writing (e.g., transitional words and phrases, the frequency of certain verb tenses in specific kinds of situations)", and "examining *lexical* as well as *stylistic* characteristics of writing (e.g., the use of informal and formal vocabulary in different circumstances)."[5]

If one considers the constructs that reading and writing abilities share, it is plausible that practice in reading may promote the development of writing ability by giving practice in the underlying constructs and cognitive processes.

In addition, reading can support writing by changing the way one conceptualizes reading and writing from mere decoding or encoding into "acts of composing."[6] Flower et al., prominent advocates of Constructivism, conceptualize reading and writing as processes for creating "mental representations" of texts.[7]

Notes

1. Stephen D. Krashen, *Writing: Research, Theory, and Applications* (Oxford, UK: Pergamon, 1984), 20.

2. Alan Hirvela, *Connecting Reading and Writing in Second Language Writing Instruction* (Ann Arbor, MI: The University of Michigan Press, 2004), 110.

3. Joel Bolch and Lan Chi, "A Comparison of the Use of Citations in Chinese and English Discourse," in *Academic Writing in a Second Language: Essays on Research and Pedagogy*, ed. Diane Belcher and George Braine (Norwood, NJ: Ablex, 1995), 231–74.

4. Hirvela.

5. Ibid., 115.

6. Robert J. Tierney and P. David Pearson, "Toward a Composing Model of Reading," *Language Arts* 60 (1983): 568.

7. Linda Flower et al., *Reading-to-Write: Exploring a Cognitive and Social Process* (New York, NY: Oxford University Press, 1990), 146.

> Bibliography
>
> Bolch, Joel and Lan Chi. "A Comparison of the Use of Citations in Chinese and English Discourse." In *Academic Writing in a Second Language: Essays on Research and Pedagogy*, edited by Diane Belcher and George Braine, 231–74. Norwood, NJ: Ablex, 1995.
> Flower, Linda, Victoria Stein, John Ackerman, Margaret J. Kantz, Kathleen McCormick, and Wayne C. Peck. *Reading-to-Write: Exploring a Cognitive and Social Process*. New York, NY: Oxford University Press, 1990.
> Hirvela, Alan. *Connecting Reading and Writing in Second Language Writing Instruction*. Ann Arbor, MI: The University of Michigan Press, 2004.
> Krashen, Stephen D. *Writing: Research, Theory, and Applications*. Oxford, UK: Pergamon, 1984.
> Tierney, Robert J., and P. David Pearson. "Toward a Composing Model of Reading." *Language Arts* 60 (1983): 568–79.

(Yoshimura 2009, 45–46 より)

*Bibliography 方式では、一般に Notes と Bibliography を併用する。
*引用箇所を示す本文中の上付き数字に Notes の番号を対応させ、Notes に出てきたすべての文献の情報を、Bibliography に著者のラストネームのアルファベット順で記載する。
*Notes の記述は、Bibliography より簡潔な場合が多い。上記の例では、CMS の基本フォーマットに従って要素をカンマで区切り、著者名はフルネームをそのまま "ファーストネーム　ラストネーム" の順で記している。もっと簡略化する場合や、連続して同じ文献を引用する場合に Ibid.［in the same place の意］を使用する場合もある。記述方法や、脚注と後注の使い分けについては投稿誌等の規定に従う。
*Bibliography を付けない場合、または抜粋リストのみを付ける場合は、Notes にすべての文献情報を記し、読者が引用文献にあたれるようにしなければならない。

【References 方式による参考文献表の書き方】

1. 書籍［15.5］［15.9］

著者名. ○発行年. ○書籍のタイトル. ○出版地: ○出版社.
Author's Last Name, ○ First Name. ○ Year. ○ *Title of Book*. ○ Location: ○ Publisher.
　*○は1スペース空ける。以下、すべて同じ。

> 例　Harvey, Gordon. 2008. *Writing with Sources: A Guide for Students*. 2nd ed. Indianapolis, IN: Hackett.

> 例　Suzuki, Takao. 1973. *Kotoba to Bunka* [Language and culture]. Tokyo, Japan: Iwanami Shoten.

> 例　Belcher, Diane, and Alan Hirvela, eds. 2001. *Linking Literacies: Perspectives on L2 Reading-Writing Connections*. Ann Arbor, MI: The University of Michigan Press.

＊著者名がわからない場合は、書籍のタイトルや書籍を出版したグループ名を著者名の代わりに記す。

＊編集された書籍の場合は、著者名の部分に編者の名前を書き、名前の後にカンマとスペースを入れて ed. をつける。編者が複数の場合は、eds. をつける [14.76]。

　　例　Bazerman, Charles, ed.

　　例　Lathrop, Ann, and Kathleen Foss, eds.

＊出版年がわからない場合は、n.d. [no date の意] と記す [14.152]。出版予定の場合は、forthcoming と記す [14.153]。

＊書籍のタイトルにはイタリック体を用い、ヘッドラインスタイルで書く [8.157] [14.95]。副題がある場合は、間に（:）[colon] を打ち [14.97]、2 番目の副題の前には（;）[semi colon] を打つ [14.98]。

＊書籍のタイトルが疑問符（?）や感嘆符（!）で終わっている場合は、ピリオドを打たない。[14.105]

＊書籍で特定の版（edition）を引用する場合は、書籍のタイトルとピリオドに続けて何版かを記し、ピリオドを打つ。例えば、3rd ed. [third edition の意]、rev. ed. [revised edition の意] など。[14.118]

＊書籍で特定の巻（volume）の場合は、書籍のタイトルとピリオドに続けて巻を示し、シリーズ名などを記すか、先にシリーズ名を示してから引用した巻を記す。[14.126]

　　例　*Friction, Lubrication, and Wear Technology*. Vol. 18, of *ASM Handbook*.

　　例　*ASM Handbook*. Vol. 18, *Friction, Lubrication, and Wear Technology*.

＊書籍で複数の巻をすべて引用する場合は、書籍のタイトルとピリオドに続けて引用した巻数を vols. で示す。[14.122]

　　例　*Handbook of Reading Research*. 4 vols.

＊書籍のタイトルが英語以外の言語で書かれている場合は、原書のタイトルをイタリック体で記し、続けてその英語訳をローマン体、およびセンテンススタイルで [　] 内に書く。[14.108]

＊出版地は、アメリカ国内の場合は市を、ただし無名または同名の都市と混同する場合は州の略語をカンマに続けて記す。アメリカ国外の市名は英語表記で書く。[14.135–37]

2. 書籍の中に収録された論文 [15.9]

著者名．○発行年．○"論文名．"○ In ○書籍のタイトル，○ edited by ○編集者名，○ページ番号．○出版地:○出版社．
Author's Last Name, ○ First Name. ○ Year. ○ "Title of Article." ○ In ○ *Title of Book*, ○ edited by ○ Editor's First Name ○ Editor's Last Name, ○ xxx–xxx. ○ Location: ○ Publisher.

> 例　Pecorari, Diane. 2001. "Plagiarism and International Students: How the English-Speaking University Responds." In *Linking Literacies: Perspectives on L2 Reading-Writing Connections*, edited by Diane Belcher and Alan Hirvela, 229–45. Ann Arbor, MI: The University of Michigan Press.

＊編集者名は、edited by に続けてファーストネームやミドルネームを先に、ラストネームを後に書く。
＊論文のタイトルは（" "）に入れてローマ体で、書籍のタイトルはイタリック体で書く。副題がある場合は、間に（：）[colon] を打つ。

3. 学術雑誌に掲載された論文 [15.46]

著者名．○発行年．○"論文名．"○掲載雑誌名○巻数: ページ番号．
Author's Last Name, ○ First Name. ○ Year. ○ "Title of Article." ○ *Title of Periodical* ○ Volume Number: Page Numbers.

> 例　Holster, Trevor A., and Darcy F. de Lint. 2012. "Output Tasks and Vocabulary Gains." *Language Teacher* 36（2）: 3–10.

＊論文のタイトルは " " に入れてローマ体で、論文が掲載されている学術雑誌のタイトルはイタリック体で記す。英語の学術雑誌の先頭の *The* は省略。
＊巻番号は掲載雑誌名の後にスペースを入れて記す（雑誌名の後にピリオドは打たない）。号数 (issue number) がある場合は、スペースの後に（　）を入れて記入する。季節、月、日時などの情報も、（　）内に記す。
＊ページ番号は、コロンに続けてスペースを入れずに記す。ただし、号数や季節などの補足情報が（　）で記入されている場合は、コロンの後にスペースを入れる。volume number ○ (issue number): ○ page numbers.

付　　録

　　例　*Language Teacher* 36:3–10.　　　　　(36: 3–10)
　　例　*Language Teacher* 36（2）: 3–10.　　(36 ○ (2): ○ 3–10)
　　例　*Language Teacher* 36（March）: 3–10.　(36 ○ (March): ○ 3–10)

インターネット上で手に入る論文で DOI [digital object identifier] がついている場合は、論文情報の後に DOI をつける。[15.9]

例　Shi, Ling. 2012. "Rewriting and Paraphrasing Source Texts in Second Language Writing." *Journal of Second Language Writing* 21: 134–48. doi:10.1016/j.jslw.2012.03.003.

インターネット上で手に入る論文で DOI がついていない場合は、論文情報の後にアドレスをつける。[15.9]

例　Sorokina, Daria, Johannes Gehrke, Simeon Warner, and Paul Ginsparg. 2006. "Plagiarism Detection in arXiv." *Proceedings of the Sixth International Conference on Data Mining* 1070–75. http://arxiv.org/pdf/cs.DB/0702012.

4.　インターネットサイト [15.51]

著者名. ○掲示日. ○"サイトのタイトル." ○サイトのアドレス.
Author's Last Name, ○ First Name. ○ Year. ○ "Title of Post." ○ Month ○ Day. ○ http://www.xxxx.

例　Council of Writing Program Administrators. 2003. "Defining and Avoiding Plagiarism: The WPA Statement on Best Practices." January. http://wpacouncil.org/positions/WPAplagiarism.pdf
例　本文の（　　）の部分：（Council of Writing Program Administrators 2003）

＊著者、掲示日、サイトのタイトル、サイトのアドレスの4つの情報を記載する。著者名がわからない場合は、著者名の代わりにサイト名やスポンサー名を書く。
＊掲示日や Last modified [最終更新日] がわからない場合は、Accessed [最終アクセス日] を記す。なるべく n.d. [no date] は使わない。

5.　学会発表 [14.226]

発表者名. ○発表年. ○"発表のタイトル." ○ Paper presented at ○学会のタイトル, ○学会の行われた場所, ○発表月日.

Presenter's Last Name, ○ First Name. ○ Year. ○ "Title of Paper." ○ Paper presented at the Meeting of Organization Name, ○ Location, ○ Date of the Meeting［Month ○ Date］.

> 例　Yoshimura, Fumiko. 2012. "How Plagiarism is Perceived and Handled in Japanese Universities." Paper presented at JACET Convention 2012: The 51st International Convention, Nagoya, Japan, September 1.

6.　新聞記事［15.47］

著者名. ○出版年. ○ "記事のタイトル." ○*新聞名*, ○出版月日［Month ○ Day］, ○ページ.

Author's Last Name, ○ First Name. ○ Year. ○ "Title of Article." ○ *Title of Newspaper*, ○ Month ○ Day, ○ xx.

> 例　Maruko, Mami. 2012. "Kindergartners Get Language Boost with English Immersion Program." *Japan Times*, July 31, 3.

＊新聞名の The は除くが［14.210］、英語以外の場合は冠詞を残す［14.211］。
　　例　*Le Monde*
＊新聞記事の書誌情報は、参考文献表よりも本文中に書くほうが一般的である［15.47］。
　　例　As Mami Maruko noted in a *Japan Times* article on July 31, 2012, . . .

オンライン上の新聞記事

> 例　Bronner, Ethan. 2012. "Partisan Rifts Hinder Efforts to Improve U.S. Voting System." *New York Times*, August 1. http://www.nytimes.com/

＊サイトのアドレスは、短縮して最初のスラッシュまででもよい。［14.203］

CMS（2）References に従って書かれた論文のサンプル

> 　　Krashen (1984, 20) claims that "it is reading that gives the writer the 'feel' for the look and texture of reader-based prose". Hirvela (2004, 110) agrees with Krashen by saying that reading supports writing through "meaningful input". Meaningful input includes not only facts but also details of how writers think through the problems they are addressing (Bolch and Chi 1995), and of the specific components that constitute writing (Hirvela 2004). The components identified by Hirvela, that reading and writing share, are "common *rhetorical* or *organizational* patterns in target language writing (e.g., location of such staples

of writing in English as thesis statements and topic sentences)", "*linguistic* features of writing (e.g., transitional words and phrases, the frequency of certain verb tenses in specific kinds of situations)", and "examining *lexical* as well as *stylistic* characteristics of writing (e.g., the use of informal and formal vocabulary in different circumstances)" (115).

If one considers the constructs that reading and writing abilities share, it is plausible that practice in reading may promote the development of writing ability by giving practice in the underlying constructs and cognitive processes.

In addition, reading can support writing by changing the way one conceptualizes reading and writing from mere decoding or encoding into "acts of composing" (Tierney and Pearson 1983, 568). Flower et al. (1990, 146), prominent advocates of Constructivism, conceptualize reading and writing as processes for creating "mental representations" of texts.

REFERENCES

Bolch, Joel and Lan Chi. 1995. "A Comparison of the Use of Citations in Chinese and English Discourse." In *Academic Writing in a Second Language: Essays on Research and Pedagogy*, edited by Diane Belcher and George Braine, 231–74. Norwood, NJ: Ablex.

Flower, Linda, Victoria Stein, John Ackerman, Margaret J. Kantz, Kathleen McCormick, and Wayne C. Peck. 1990. *Reading-to-Write: Exploring a Cognitive and Social Process*. New York, NY: Oxford University Press.

Hirvela, Alan. 2004. *Connecting Reading and Writing in Second Language Writing Instruction*. Ann Arbor, MI: The University of Michigan Press.

Krashen, Stephen D. 1984. *Writing: Research, Theory, and Applications*. Oxford, UK: Pergamon.

Tierney, Robert J., and P. David Pearson. 1983. "Toward a Composing Model of Reading." *Language Arts* 60:568–79.

(Yoshimura 2009, 45–46 より)

＊*CMS* では、文の終わりの句点の後も、文中の読点の後も 1 文字分スペースを空ける。[2.9]

（筑波大学　大学院　池内有為著）

付　録

E.　盗用について知るために
　　役に立つサイトのまとめ

Council of Writing Program Administrators

　この協会は、ライティングプログラムの開設や運営に関わる全米組織で、この協会の提供する情報は、たいへん信頼性が高い。この協会が提供する Defining and avoiding plagiarism: The WPA statement on best practices というサイトでは、盗用について信頼性の高い情報が得られる。盗用の定義、盗用に至る主な理由、盗用防止のためにすべきこと、盗用への対処についての情報が得られる。
[http://wpacouncil.org/positions/WPAplagiarism.pdf]

Purdue OWL

　英文ライティングについて最も包括的で信頼性の高い情報が得られるサイトである。英文ライティングのさまざまな事柄についての情報が得られる。盗用についても、Avoiding plagiarism というページで、盗用を避けることの難しさに触れるとともに、盗用の定義、盗用を避けるためにすべきこと、練習問題等を提供している。また、引用の仕方や言い換えについても説明や練習問題等を提供している。

　Purdue OWL [http://owl.english.purdue.edu/]
　Avoiding plagiarism [http://owl.english.purdue.edu/owl/resource/589/01/]
　Quoting, Paraphrasing, and Summarizing [http://owl.english.purdue.edu/owl/resource/563/1/]
　Paraphrase: Write it in your own words [http://owl.english.purdue.edu/owl/resource/619/1/]

The University of Southern Mississippi

　この大学の提供する Plagiarism tutorial: Test your knowledge というサイトでは、適切な引用と盗用の違い、適切な言い換えと盗用の違いについて説明し、練習問題と事前・事後テストを提供している。その中の Quiz では、自分の判定を input するとすぐに feedback を得ることができる。また、事前・事後テストには、自分と指導者のメールアドレスを書く欄があり、点数は、そのアドレスに送信されるようになっている。

付　　録

[http://www.lib.usm.edu/legacy/plag/plagiarismtutorial.php]

Indiana University Bloomington, School of Education

　この大学の提供する Plagiarism test: How to recognize plagiarism というサイトでは、tutorial と test を提供していて、tutorial で適切な引用と盗用の違いについて理解した後で、test を受けて合格すると証明書が発行されるようになっている。
[https://www.indiana.edu/~istd/plagiarism_test.html]

Avoiding plagiarism, self-plagiarism, and other questionable writing practices: A guide to ethical writing

　アメリカの「研究の倫理機関」（The Office of Research Integrity [ORI]）がスポンサーとなり、Miguel Roig 氏が作成したもので、盗用など不正を疑われる論文の書き方を防ぐために研究者がすべきこととしてはいけないことを 27 のガイドラインとしてまとめたものである。研究者としての心構えを再確認できる。言い換えの練習問題もついている。
[http://www.cse.edu/~alexliu/plagiarism.pdf]

索　引

〔あ行〕

アイディアの盗用　→　盗用
アカデミック・ライティング　23, 53
足場がけ（scaffolding）　56, 57, 97
アメリカ英語教員協議会（The National Council of Teachers of English [NCTE]）　11
暗記　iv, 16, 17, 18, 21, 53, 62

言い換え　v n., 4, 8, 10, 13, 20, 23, 24, 25, 26, 36, 43, 44, 48, 55, 72, 82, 85, 86, 87, 98
　〜指導　81–82
　〜と外国語話者　24, 25–26
　〜の意味　38–40
　〜の効果　43–44
　〜の難しさ　23–26
　原文に近すぎる［似すぎている］〜　20, 23, 45 n., 48
　不十分な〜　45 n.
　不適切な〜（inappropriate paraphrasing）　13
意見文　65, 76, 84
市川他　62, 63
一般的な言葉［表現］（standard terms [language]）　4 n., 9, 47
一般的な知識（common knowledge）　4, 4 n., 9, 12 n.
一般的な目的のための英語（English for General Purposes [EGP]）　55
意図的で［の］ない盗用　→　盗用
意図的な盗用　→　盗用
インターネット　iii, 3, 4, 8, 32, 33, 62, 63, 64, 80, 82, 102
引用
　〜と盗用の境界線　28, 50–51, 82, 94, 102
　〜の意味　37–40
　〜の指導　72–81
　〜のルール　4, 4 n., 5, 19, 23, 40, 44, 55, 58, 59, 72, 76, 78, 101
　〜の歴史　37–38
　適切な〜と不適切な〜　50–51
　不十分な〜（insufficient citation）　19
　見えない〜（occluded citation）　10 n.
引用計画　74, 75, 76, 80
引用符　4, 10, 19, 47, 75
引用文　22, 40, 101
「引用文を書く学生のためのガイドブック」　9

運用上の基準（operational definition）　→　盗用（の基準）

英文解釈練習　61
英和活用辞典　62, 63

〔か行〕

外国語としての英語（English as a Foreign Language [EFL]）　55
学習ストラテジー　20, 32
学習と盗用の境界線　50
学習の目的　17–18
書くプロセス（ライティングプロセス）　7 n., 66, 70, 71, 78, 84, 99
課題のとらえ方（task representation）　31
過度の繰返し（excessive repetition）　19
考えの盗用　→　盗用

索　引

技術革新　28
記述のための言葉（words for description）　47
共同体　5, 49, 52

グーグル（検索）　46, 63
繰返しを重んじる文化　17

権威的な言葉（authoritative discourse）　41
研究計画書　94–96
研究社会　5, 12, 35, 39, 51, 55, 58, 59, 72, 79, 85
　〜の研修生（expert-in-training）　52
研究者としての責任感　13, 48, 55, 85, 97
研究のための英語（English for Academic Purposes [EAP]）　54
研究の倫理機関（The Office of Research Integrity [ORI]）　12, 47, 48, 158
研究レポート（調べて書くレポート）　16, 59, 78–79, 80–81, 83, 84
研究論文　91–92
原文を見ないで書く　81, 98

孔子的態度　18
高度の思考をともなう学習　39
個人としての解釈（words for interpretation）　47
言葉通りの表象（verbatim representation of the text）　42
コピー省略法（"copy-delete" method）　41
コピペ　3, 10 n.
ごまかし（cheating）　19, 20, 23, 32, 54, 55, 70
コロケーション（collocation）　62

〔さ行〕
採掘（mining）　61
最隣接発達領域（the Zone of Proximal Development [ZPD]）　56, 57

実証研究・論文　14, 25, 44, 88–90
自分の英語（English of their own）　26
自分の言葉　13, 14, 37, 41–42, 53, 55, 58
借用　→　他人の言葉の借用、文章の不適切な借用
ジャンル・アプローチ（genre approach）　40, 54, 56–58, 64, 83, 97
出典　iv, iv n., v n., 4, 8, 9, 23, 73
出典無記載（non-attribution）　19, 20, 23, 32, 54, 55
出版倫理におけるすぐれた実践についてのガイドライン（Best practice guidelines on publication ethics）　48
状況モデル（situation model）　43
書評（book review）　93
調べて書くレポート　→　研究レポート
自立（した書き手）　7, 60, 97

推測的な態度を重んじる文化　17

説明文　64, 65, 66, 83, 84
全体的評価（holistic evaluation）　71 n.
専門用語（technical terms）　4 n., 14

相互評価（peer evaluation, peer response）　67–68, 76, 77, 78
創造性　19, 32, 37
ソクラテス的態度　18

〔た行〕
大学作文学会（Conference on College Composition and Communication [CCCC]）　33, 41

対処（方針）・対応 → 盗用
第二言語ライティングと第二言語の書き手についての声明（CCCC statement on second language writing and writers） 33, 41
他人の言葉の借用（appropriation） 27, 28, 50

知的所有権 16, 28
直接引用 v n., 4, 9, 10, 72, 79
著作権 4, 5, 28
著作物の公正使用（fair use） 4, 5

低度の思考をともなう学習 39
テキストベースの表象（textbase representation） 42

統合文（integrated writing） 52, 66, 83, 101
道徳心（の欠如） 5, 6, 15, 16, 23, 31, 32, 33, 48
盗用（plagiarism）
　〜と英語力 25–26
　〜と学生に対する期待 22–23
　〜と時代 18–19
　〜と知的能力 21, 22
　〜と文化 16–18
　〜の意味 54–55, 97
　〜の基準 8
　〜の原因 30–31, 98–100
　〜の種類分け（分類） 19–21
　〜の定義 iv, 5, 6, 7, 83, 103
　〜の判定［判別・発見・特定］ 10–12, 44–49, 82, 83, 99
　〜への対応・対処 5, 6, 20, 32, 33, 44, 103
　アイディアの〜（plagiarism of ideas） 12 n., 13
　意図的で［の］ない〜 7, 29
　意図的な〜 6, 29

　考えの〜（plagiarizing ideas） iii n., iv n.
　表現の〜（language plagiarism） iii, iv, 23, 50, 52, 53, 55, 60, 71, 97
　文章の〜（plagiarism of text） 13, 54, 85–86, 97
盗用疑惑事件 11
盗用研究 15–16, 31
盗用（plagiarism）の時代 31, 32
盗用発見サービス（Plagiarism-Detecting Services［PDSs］）・盗用発見のためのシステム（plagiarism detection resources） 10–11, 12 n.
盗用防止 70, 97–100, 103
　〜のすぐれた実践についてのWPAの声明（The WPA statement on best practices） 6, 157
独創（性）（的） 3, 16, 18, 27, 50
特定の目的のための英語（English for Specific Purposes［ESP］） 54
独立文（independent writing） 66 n., 76, 79, 84
　〜の指導 66–72
トルコの理論物理学者たちの盗用 3, 48

〔な行〕
直せない間違い（an untreatable error） 62
直せる間違い（a treatable error） 62
納得できる言葉（internally persuasive discourse） 41

日本の大学特有の難しさ 52–53, 103

〔は行〕
発達段階 32, 60
パッチワーク文（patchwriting） iv, iv n., 19, 20, 21, 23, 32, 41, 45 n., 46, 50, 52, 53, 55, 59, 60, 71, 86, 97, 101

索　引

果てしなく続く会話への参加　35
はめこみ（patchwriting）　45

批判的思考　18
批判的な読み方（critical reading）　90–91
批評　92, 93, 94
表現の盗用（language plagiarism）　→　盗用
表現の類似　11, 45, 46, 47

フィードバック（feedback）　56, 69–70
不十分な引用（insufficient citation）　→　引用
不正（fraud）　19
不適切な文章の相互依存性（transgressive intertextulaity）　21, 102
文献研究　14, 36, 73, 92, 95, 102
文献ノート　75, 79, 80, 119–121
文構成・文構造　25, 60, 64–66, 67, 88
文章作成プロセス　60
文章の相互依存性（intertextuality）　21, 21 n., 27, 28, 37, 50
　〜の時代　31, 32, 97
文章の盗用（plagiarism of text）　→　盗用
文章の不適切な借用（transgressive intertextuality）　→　不適切な文章の相互依存性
分析的な態度を重んじる文化　17
分析的評価（analytic evaluation）　71, 71 n.

ポトフォリオ（portfolio）（評価）　67, 70, 76
ボトムアップ（の読み方）　21, 21 n.

〔ま行〕
「間違いリスト」　67, 69

見えない引用（occluded citation）　→　引用

模倣（copy）　17, 18, 41, 42, 60

〔や行〕
要約（summarizing）　4, 10, 20, 25, 26, 41, 43, 44, 72, 81, 92, 93, 94

〔ら行〕
ライティング・センター　7, 7 n., 24, 33
ライティングプログラム管理者協会〔Council of Writing Program Administrators（＝WPA）〕　6, 30, 33, 157
ライティングプロセス　→　書くプロセス

リーディングとライティングの関係性の研究（Reading-Writing Connection Studies）　101
リテリング（retelling）　43
「倫理に則った論文の書き方ガイド」　12

類似性の距離検査（"similarity of distance" test）　12 n.
類似表現　→　表現の類似

〔A〕
Abashi & Akbari　23, 102
Adamson　39
Adler-Kassner, Anson, & Howard　33
Alegre, Maria　iii
Anderson　42, 81
Angélil-Carter　37, 40, 50
APA　→　*Publication manual of the American Psychological Association*
arXiv　3, 45
Axelrod, Cooper, & Warriner　6

索　引

[B]
Bakhtin　27, 40, 41, 50
Ballad & Clanchy　17, 18
Bazerman　6, 25, 27, 37, 43, 50
Bedford handbook for writers, The　8
Belcher　52, 93
Blackwell Publishing　48
Bloch　21
Bloom　39
Board of Studies NSW　64 n., 65
Bouville　45, 48
Brown, Day, & Jones　41, 44
Brumfiel　3, 48
Bruner　56, 97
Buranen & Roy　28
Burke　35

[C]
Chandrasoma, Thomson, & Pennycook　20, 102
Chicago Manual of Style, The [*CMS*]　99, 140–156
Cofer　iii
cognitive modeling　69
common knowledge　→　一般的な知識
Conference on College Composition and Communication [CCCC]　33, 41
"Confessions of a non-native speaker"　iii
Coulthard　46
Council of Writing Program Administrators [WPA]　→　ライティングプログラム管理者協会
Cumming　69

[D]
Deja vu　12, 45
Ding　17

Drum　8

[E]
Educational Testing Service [ETS]　52, 71 n.
Eisner & Vicinus　102
EndNote®　121
England　9
English K-6 module　64
English K-6 syllabus　64
ESL Composition Profile　71 n.
Eureka Journal Watch　3 n.

[F]
Feez　40, 54, 56, 57, 64, 97
Ferris　62
Flanagan　12
Flower　35

[G]
Geisler　90, 91
Geisler et al.　28
Gernsbacher　81
Gibbs　3
Grabe & Stoller　21 n.
Graf et al.　49
Greene　61
Grom　45

[H]
Hacker　8, 20
Harvey　9
Hirvela　101
Hoey & O'Donnell　46 n.
Howard　iv, iv n., 6, 8, 16, 19, 20, 23, 28, 37, 41, 50, 52, 54, 55, 60, 71, 81, 97
Howard & Watson　15
Hu　7, 8, 19, 26
Hull & Rose　21, 40, 60

163

Hutcheon 12
Hyland 40, 56, 64
Hynd 101

〔I〕
idiom principle 46
Indiana University Bloomington 82, 83, 94, 158
intertextuality → 文章の相互依存性
Itext 28

〔J〕
Jacobs, Zingraf, Wormuth, Hartifiel, & Hughey 71 n.

〔K〕
Kantz 31
Karbalaei & Amoli 44
Katims & Harris 44, 82
Keck 26
Kennedy & Smith v n., 6, 22
Kirkland & Saunders 21
Kletzien 43
Kolin 13
Kristeva 27

〔L〕
language plagiarism → 盗用
Leki 6
Li & Casanave 46
Liu & Hansen 68

〔M〕
Marton, Dall'Alba, & Kun 17, 61
Mayers 25
McNamara 44
MLA handbook for writers of research papers [*MLA*] 99, 131–139
Moody 22
Mooney 6

Murray 5

〔N〕
National Council of Teachers of English, The [NCTE] 11
Nature 3
Newell, Garriga, & Peterson 22
NHK 4

〔O〕
Office of Research Integrity [ORI] → 研究の倫理機関

〔P〕
Paltridge 40, 56, 64
patchwriting → パッチワーク文
Paterson et al. 30
Pecorari 5, 6, 10,
Pecorari & Shaw 24, 46 n., 50
Pennycook iii, iii n., 16, 19, 36, 52, 55, 71, 97
Penrose & Geisler 59
Petrić 47
plagiarism of text → 盗用
Plagiarism test: How to recognize plagiarism 82, 94, 158
Plagiarism tutorial: Test your knowledge 82, 157
Polio & Shi 50
Publication manual of the American Psychological Association [*APA*] v, v n., 72, 99, 101, 122–130
Purdue OWL 9, 36, 157

〔R〕
RAP 指導 44
Reinking & von der Osten 6
Roig 12, 13, 14, 25, 47, 54, 85, 86, 97, 158
Rose 38

索　引

〔S〕
scaffolding → 足場がけ
Scollon, R.　9
Scollon, S.　18
Senders　38
Shamoon & Burns　7 n.
Shea　8
Shi　7, 8, 12, 19, 25, 30
Silvers & Kreiner　87, 88
Sinclair　46
Sorokina, Gehrke, Warner, & Ginsparg　45
Spack　6, 22
Stables, Paul　24
Stanley　26
Stolley, Brizee, & Paiz　9, 36
Sutherland-Smith　29
Swales & Feak　36

〔T〕
Tardy　42
Tenpenny, Keriazakos, Lew, & Phelan　8
Tierney & Pearson　101
Tierney & Shanahan　101
TOEFL®iBT　52, 71
Turnitin.com　10

〔U〕
University of Southern Mississippi, The　82, 157
US Copyright Office　5

〔V〕
Van Dijk & Kintsch　42, 81
Vygotsky　56

〔W〕
Wanner　42
We want to　11
Weyland　12 n.
Wiley & Voss　101
WPA → ライティングプログラム管理者協会
Writing Center at Washington University in St. Louis　24
writing community　77

〔Y〕
Yamada　24
Yilmaz, Ihsan　3, 48

〔Z〕
Zigmond & Fischer　13
Zone of Proximal Development, the 〔ZPD〕 → 最隣接発達領域

〈著者紹介〉

吉村　富美子（よしむら・ふみこ）
　東北学院大学文学部英文学科教授。1985年（昭和60年）九州大学文学部英語学英文学科卒業。7年間の佐賀県高等学校英語教諭を経て、1992年（平成4年）〜1994年（平成6年）オハイオ大学大学院文理学部言語学科で英語教育学を学ぶ（M.A. in TESOL取得）。その後、同大学で、3年間日本語講師を務めた後帰国し、九州情報大学経営情報学部経営情報学科助教授、東北学院大学文学部英文学科助教授、准教授を経て、現在は、同大学教授。専門は、英語教育学。特に、外国語としての英文リーディング、英文ライティング教育についての研究を行っている。

英文ライティングと引用の作法
──盗用と言われないための英文指導──

2013年6月30日　初版発行

著　者　吉村富美子
発行者　関戸雅男
印刷所　研究社印刷株式会社

KENKYUSHA
〈検印省略〉

発行所　株式会社　研究社
　　　　http://www.kenkyusha.co.jp

〒102-8152
東京都千代田区富士見2-11-3
電話（編集）03(3288)7711（代）
　　（営業）03(3288)7777（代）
振替　00150-9-26710

© Fumiko Yoshimura, 2013

装丁　清水良洋（Malpu Design）

ISBN 978-4-327-41084-1　C 3082　Printed in Japan